JUGENDSEKTEN –
Die Freiheit des einzelnen schützen

mit Beiträgen von

Manfred Ach

Senator Wolfgang Burnhauser

Dr. Heiner Geissler, MdB

Wolfgang Götzer, MdB

Pfr. Friedrich-Wilhelm Haack

Josef Hollerith

Barthl Kalb, MdL

Hans Liebl

Prof. Ursula Männle, MdB

Pfr. Dr. Gerhard Münderlein

Pater Anselm Reichhold OSB

Markus Sackmann

Alfred Sauter, MdB

Robert Sauter

Udo Schuster

Simon Wittmann, MdB

ERICH WEWEL VERLAG MÜNCHEN

Bei der vorliegenden Veröffentlichung handelt es sich um die überarbeiteten Vorträge einer gemeinsamen Tagung der Jungen Union Bayern und der Elterninitiative zur Hilfe gegen seelische Abhängigkeit und rel
giösen Extremismus e. V. am 8. Dezember 1984 in Ingolstadt.

Redaktion: Udo Schuster, Nymphenburger Str. 64, 8000 München 2

1. Auflage 1985

Wewelbuch 190

Gesamtherstellung: Verlag und Druckerei G. J. Manz AG, München
Printed in Germany.

ISBN 3-87904-190-3

Inhalt

Vorwort

Obwohl immer wieder totgesagt, konnten Jugendsekten, Gurubewegungen und destruktive Psychokulte ihren Einflußbereich und ihr Tätigkeitsfeld innerhalb unserer Gesellschaft in den letzten 15 Jahren erheblich ausweiten. Mittels raffinierter Methoden und immer neuer Tarnorganisationen wächst ihr Einflußbereich ständig. Von Mitgliederschwund oder Organisationsproblemen kann keine Rede sein. Nach wie vor wird im Namen der Religionsfreiheit Seelenwäsche und erzwungene Persönlichkeitsverwandlung, Psychoterror und finanzielle Ausbeutung, Betrug und Beutelschneiderei betrieben. Die Sektenführer reden von Freiheit, tatsächlich betreiben sie die Sklaverei der Neuzeit. Sie propagieren Nächstenliebe und verstoßen Kranke und somit für ihre Bewegung unbrauchbar gewordene Anhänger. Enthaltsamkeit und Bescheidenheit wird gepredigt, doch der Guru residiert in einer Luxusvilla oder läßt sich im Rolls-Royce spazierenfahren.

Die Freiheit des einzelnen muß gegenüber diesen Organisationen wirksam geschützt werden. Nur wenn alle verantwortlichen Institutionen in unserem Staat zusammenwirken, können wir den Herausforderungen, mit denen wir uns durch die Jugendsekten konfrontiert sehen, wirksam begegnen. Dafür gibt es keine Patentrezepte. Gerade dies macht den großen Unterschied zwischen uns und den Jugendsekten aus. Die Bereitschaft, dieses Problem energisch anzugehen, wächst bei allen Verantwortlichen Tag um Tag. Anläßlich der Großveranstaltung in Ingolstadt am 8.12.1984, bei der zahlreiche Betroffene ihre Erfahrungen und furchtbaren Erlebnisse geschildert haben, wurde nach Ursachen und Hintergründen gesucht. Lösungsansätze konnten aufgezeigt werden. Diese Tagung wollte vor allem das Problembewußtsein schärfen und Denkanstöße geben. Wachsamkeit ist gefordert und um der Freiheit willen müssen wir alles tun, um junge Menschen vor der größten geistigen Umweltverschmutzung dieser Tage zu bewahren.

Die Herausgeber

Alfred Sauter, MdB
Landesvorsitzender der Jungen Union Bayern

Religionsfreiheit ja, Narrenfreiheit nein!

„Die Würde des Menschen ist unantastbar. Sie zu achten und zu schützen ist Verpflichtung aller staatlichen Gewalt“ (Art. 1 Abs. 1 des Grundgesetzes der Bundesrepublik Deutschland).

Wir nehmen den Auftrag des Grundgesetzes ernst. Daher dürfen wir nicht die Augen verschließen vor denjenigen, die seit nahezu zwei Jahrzehnten die Würde des Menschen mit Füßen treten, die diese gezielt zerbrechen wollen und gerade junge Bürger nicht nur ihrer Würde, sondern auch ihrer Zukunft berauben. "Jugendsekten", "Jugendreligionen", "Psychokulte", oder "destruktive Kulte"; all das sind Namen für ein Phänomen, das viel zu lange unbeachtet von Politik und Gesellschaft zu einer Bedrohung für Einzelne und die Gemeinschaft gereift ist. Man mag sich über den richtigen Namen streiten, sicher ist: Was hier unter dem Deckmantel der Religion getrieben wird, läßt sich mit den Idealen und Zielen einer freien und werteorientierten Gesellschaft, die die Menschenwürde zum höchsten Verfassungsgut erhoben hat, nicht vereinbaren.

Es gibt viele Kritiker, die nicht verstehen, warum es auch einen politischen Auftrag gibt, sich mit diesen totalitären und nur manchmal religiösen Gruppen auseinanderzusetzen. Die Religionsfreiheit — Grundrecht und als solches in der Verfassung verankert — erlaube der Politik nicht, Religion oder Religiosität zu beurteilen, zu bewerten oder gar in sie einzugreifen. Die jüngste deutsche Geschichte wird schnell, allzuschnell bemüht. Gerade die Geschichte der Deutschen zeigt aber, daß man nicht früh genug vor totalitären Tendenzen warnen kann, daß man rechtzeitig einen Riegel vor die Knechtung des Menschen durch Menschen schieben muß. Wer mit ganzem Herzen die Freiheit der Religionsausübung verteidigen will, der muß kompromißlos jeden Mißbrauch anprangern, gerade weil der Mißbrauch eines solchen Gutes besonders verwerflich ist.

Als Anfang der 70er Jahre in der Bundesrepublik Deutschland und in ganz Westeuropa die ersten Gruppen auftraten, die heute den

Jugendsekten zugerechnet werden, als sie sich wie beispielsweise die Krishnas im Straßenbild der Städte verfestigten, war das für viele der besondere Ausdruck einer Generation, die sich "Blumenkinder" nannte. Das Streben nach Freiheit, die Hinwendung zu sich selbst, das Ausbrechen aus festgefügten Bahnen, all das schien die Jünger dieser neuen und eigenartigen „religiösen" Gruppen zu verkörpern. Kaum jemand erkannte die Gefahren, die sich dahinter verbargen. Nur die wenigsten wußten etwas über die Methoden, die Lehren, die Führer und deren finanzielle Macht. Kaum jemand ahnte etwas von Seelenwäsche und erzwungener Persönlichkeitsverwandlung, von finanzieller Ausbeutung und psychischer Zerstörung, von Rauschgiftgeschäften und Prostitution. Mit Schlagworten wie "Komm zu uns und sei geheilt, Jesus ist besser als Hasch" eroberten sich z.B. die Anhänger der Kinder Gottes das Herz mancher gutgläubiger und gutwilliger Gemeindepfarrer. Sektenexperten, betroffene Eltern und auch einige Politiker waren damals, Anfang der 70er Jahre, noch einsame Rufer in der Wüste. Man konnte und wollte sich teilweise nicht vorstellen, daß hinter den freundlichen jungen Männern und Frauen, die lächelnd in den Fußgängerzonen unserer Großstädte Flugzettel für die Vereinigung der Kirchen oder für den Frieden auf der Welt verteilten, manipulierte Sklaven eines größenwahnsinnigen „religiösen" Führers steckten. Daß Religion nicht immer unbedingt etwas Gutes sein muß, daß das Wort Kirche nicht stets eine Garantie für Seriosität ist, wurde uns spätestens im Jahr 1978 erschreckend deutlich vor Augen geführt. Als sich Jim Jones und 900 seiner Anhänger im Dschungel von Guyana das Leben nahmen, herrschte großes Entsetzen. Niemand hätte sich dies je vorstellen können. Tagelang geisterten die Bilder des Massengrabes von Jonestown durch unsere Zeitungen und auf allen Fernsehschirmen. Für einige Wochen wurden nun die Sekten mit zu einem beherrschenden Thema. Doch ebenso schnell wie das Interesse aufgeflackert war, verflog es wieder. Es wurde wieder still um Bhagwan, Moon, Maharishi, La Rouche und Co.

Viele, die glaubten, junge Menschen gingen nur deshalb in solche Sekten, um "einmal etwas zu erleben", waren der Meinung, diese Welle sei abgeflaut und Jugendsekten seien kein Problem mehr. Doch während die meisten in einen "süßen Schlummer" verfallen waren, kämpften die Sekten weiter. Sie hatten aus den in den 70er Jahren begangenen Fehlern gelernt. Ihre Methoden wurden perfektioniert und sie schafften es, durch ein verändertes Auftreten ihren Einfluß von Jahr zu Jahr zu vergrößern. Wenn man sich die Mitgliederzahlen betrachtet, stellen allein diese ein deutliches Warnzeichen dar. Fachleute schätzen den Mitgliederstand von Jugendsekten in der Bundesrepublik Deutschland auf etwa 150.000 Personen. Darüber hinaus verfügen sie über ein Umfeld, das nochmals etwa 250.000 Menschen erfaßt. Die Zahl der Anhänger von Jugendsekten übersteigt somit beispielweise die extremistischer Organisationen in der Bundesrepublik Deutschland um die Hälfte.

Welche Folgerungen müssen wir aus diesen erschreckenden Zahlen ziehen? Meiner Meinung nach sind die Jugendsekten eine deutliche Herausforderung nicht nur für die Amtsträger der beiden großen Kirchen, sondern auch für die Politiker. Dabei sollten wir endlich aufhören, uns gegenseitig die Verantwortung zuzuschieben. Dies hat uns in den letzten 15 Jahren keinen Schritt weitergebracht. Staat, Kirche und Gesellschaft müssen aus der Phase der Unentschlossenheit gegenüber diesen Gruppen herauskommen. Nur gemeinsam können wir diesen Organisationen wirkungsvoll entgegentreten, die weiterhin versuchen, unter dem Deckmantel der Religions- und Weltanschauungsfreiheit ihre Anhänger psychisch und körperlich zu schädigen und für die zweifelhaften Ziele eines Pseudo-Gottes einzuspannen.

Wir können und dürfen nicht schweigen, wenn ein Guru seine Anhänger für ein Taschengeld in sekteneigenen Betrieben schuften läßt. Wir dürfen auch nicht die Augen davor verschließen, daß eben dieser Guru von seinen Anhängern verlangt, notfalls "bis zum letzten Blutstropfen" zu kämpfen. Sind wir uns eigentlich bewußt, was passieren kann, wenn bewaffnete Jünger irgendeines Modegottes beginnen, ihre Maschinenpistolen und Schnellfeuergewehre tatsächlich einmal gegen einen vermeintlichen Feind einzusetzen? Zwingt uns das Toleranzgebot wirklich dazu, daß wir neofaschistische Äußerungen eines führenden Mitgliedes einer Sekte einfach hinnehmen? Muß es nicht ein Alarmsignal sein, wenn das Sprachrohr eines Gurus die Juden als "blöd" verunglimpft, die an dem unermeßlichen Leid, das ihnen während der Nazi-Diktatur zugefügt wurde, selbst schuld seien? Das Recht auf freie Religionsausübung ist kein Freifahrtschein für Betrug und Nötigung, für Prostitution und Vergewaltigung, für dunkle Waffengeschäfte und den Aufbau großer Industrie-Imperien.

Die Scientology-Sekte des amerikanischen Science-fiction-Autors Lafayette Ron Hubbard durfte vor kurzem sehr deutlich am eigenen Leib erfahren, daß ihrem Treiben Einhalt geboten wird. Das zuständige

Münchner Kreisverwaltungsreferat hat in Zusammenarbeit mit der Staatsanwaltschaft den teilweise gesetzwidrigen Praktiken der Sekte vorerst ein Ende gesetzt. Die Sekte reagierte prompt. Sie schickte dem Kreisverwaltungsreferenten Gauweiler und seinen Beamten einen Spitzel auf den Hals. Getreu der Anweisungen von Ron Hubbard sollte er nach "Finsterem, Blut und Sex" suchen. Der Schnüffler wurde gefaßt und Hubbard's Jünger hatten wieder einmal einen Fehlschlag zu verzeichnen.

Noch engere Bekanntschaft mit den Strafverfolgungsbehörden hat der "Neue Messias" San Myung Moon machen dürfen. Er sitzt derzeit wegen Steuerhinterziehung in den USA hinter Gitter. Seine Anhänger sehen in ihm natürlich einen Märtyrer, der Opfer einer Verfolgungs- und Hetzkampagne geworden ist.

Einige Jugendsekten haben sich auch das Feld der Politik für ihre Aktivitäten erkoren. Am auffallendsten ist in diesem Zusammenhang wohl die Europäische Arbeiterpartei (EAP) von Helga Zepp-La Rouche. Nach Ansicht von Sektenexperten und Presseberichten zufolge handelt es sich bei dieser "Partei" um die deutsche "Filiale" des Lyndon La Rouche Kultes, der in den USA wohl dem Bereich der destruktiven Psychokulte zuzurechnen sein dürfte. Lyndon La Rouche wird in der Presse als rechtsradikal und wahnhaft bezeichnet. Die Züricher Weltwoche schrieb gar: „La Rouche ist ein politischer Jim Jones, ein besessener Demagoge mit einer eingeschüchterten in totaler Ergebenheit manipulierten Gefolgschaft mit viel Geld und weit verzweigten Verbindungen." Führt man sich einmal eine seiner Äußerungen etwas näher zu Gehör, kann einem tatsächlich Angst und Bange werden. Der Ausspruch "Ich halte die Welt und ihr Schicksal in meinen Händen und spüre, wie diese schreckliche Verantwortung auf mir lastet" vermittelt wohl etwas von dem Größenwahnsinn dieses Mannes.

Die deutsche Parteienlandschaft bereichern möchte auch Maharishi Mahesh Yogi. Eine goldene Partei soll die Bundesrepublik und die ganze Welt ins goldene Zeitalter führen. Man darf gespannt sein, wie der Wähler auf dieses Angebot reagieren wird.

Ekelerregend sind Berichte über die Praktiken der sog. Aktions-Analytischen Organisation. Die von dem Wiener "Aktionskünstler" Otto

Mühl gegründete Gemeinschaft propagiert freie Liebe oder das, was er dafür hält. Denn mit Liebe haben Mühls Kurse nicht das geringste zu tun. Frauen sind einem Bericht in der Frankfurter Rundschau vom 5. Mai 1982 zufolge von Gruppenleitern zur Abtreibung gezwungen worden, da sie nach deren Meinung noch nicht "gefestigt" genug für eine Mutterschaft gewesen seien. Perverse Sexpraktiken seien bei den von der Gruppe veranstalteten Kursen an der Tagesordnung gewesen. Aus der zunehmenden öffentlichen Kritik zog die Gruppe eine vermeintliche Konsequenz und löste sich scheinbar auf. Als "Kulturwerkstatt e.V., Kulturladen, Backofen e.V., Kulturtreff u.ä." wird jedoch munter weiteragiert.

Diese wenigen Beispiele zeigen, daß es uns in der Auseinandersetzung mit diesen Gruppen nicht um Beschneidung der Religions- und Weltanschauungsfreiheit geht. Vielmehr müssen wir uns einem menschenverachtenden Treiben entgegenstemmen, das den Idealismus der Anhänger mißbraucht, ihre Gesundheit ruiniert und die Zukunft zerstört. Bei oberflächlicher Betrachtung scheint sich die Szene der Anhängerschaft teilweise gewandelt zu haben. Nicht mehr nur junge Menschen zwischen 18 und 25 Jahren suchen ihr Heil bei obskuren Gurus, Göttern und Propheten, sondern auch immer mehr Unzufriedene und Entäuschte jeden Alters. Wir müssen natürlich fragen, warum plötzlich auch ältere Mitbürger dem Locken der Sekten erliegen. In diesem Zusammenhang müssen wir verstärkt darüber nachdenken, wie wir Zukunfts-, Geborgenheits- und Sinnverlust entgegentreten können.

Wir sind diesen Gruppen nicht hilflos ausgeliefert. Doch die Kirchen und der Staat müssen gemeinsam mit den Betroffenen nach Lösungswegen suchen. Dabei gibt es keine Patentrezepte. Wir dürfen uns vor der Auseinandersetzung nicht scheuen, auch wenn sie unbequem sein mag. Durchsetzungswille und Entschlossenheit sind das Gebot der Stunde. Auch der letzte Zweifler müßte zwischenzeitlich begriffen haben, daß die Jugendsekten keine vorübergehende Erscheinung sind, sondern mittelfristig ein Dauerproblem sein werden. Harte und schwere Arbeit steht vor uns, gemeinsam können wir sie bewältigen.

Dr. Heiner Geißler, MdB,
Bundesminister für Jugend, Familie und Gesundheit

„Neue Jugendreligionen — Die Freiheit des einzelnen schützen“

Zunächst möchte ich die Junge Union beglückwünschen, daß sie diese Veranstaltung durchführt und ein heißes Eisen anpackt, ein Problem, das viele Menschen in der Bundesrepublik Deutschland beschäftigt. Wir wollen heute Vormittag, das ist auch meine Aufgabe, uns den Fragen stellen und vor allem mit Betroffenen, die ja die Probleme immer schärfer und hautnah spüren, die anstehenden Fragen diskutieren.
Wir sind uns alle bewußt, daß es sich hier um ein schwieriges Problem handelt. Ich bin hierher gekommen, um erstens einmal zu zeigen, daß dieser Bereich der sog. Jugendreligionen nicht ein Problem ist, das ich als der zuständige Minister als etwas Nebensächliches ansehe, sondern daß es hier um tiefgreifende Fragen geht, die unsere ganze Gesellschaft und auch den Staat betreffen. Ich bin nicht hierher gekommen — zumindest ist es nicht der Anspruch gewesen, den ich an mich selber gestellt habe, weil ich diesen Anspruch nicht erfüllen kann - nun Patentrezepte Ihnen zu verkünden, wie von heute auf morgen alles besser werden kann, sondern um mit Ihnen Erfahrungen auszutauschen und daraus auch Konsequenzen für die kommende Arbeit in Bonn und auf der Landes- und Kommunalebene zu ziehen.
Ich will einmal die Problemlage an einem einfachen Beispiel darlegen. Ich habe einen Brief von der Vereinigungskirche bekommen. Diese Leute sind gut informiert, sie kennen also auch die Einladung der Jungen Union Bayern, und sie kennen auch das Rundschreiben der Elterninitiative. Die Vereinigungskirche hat mir geschrieben, daß sie sich Sorgen mache um die Objektivität dieser Veranstaltung und vor allem Sorgen darüber, daß ich als Bundesminister an dieser Veranstaltung teilnehme. Diese Sorgen sind unbegründet. Ich trete nach wie vor dort auf, wo ich das aus meiner politischen Verantwortung für richtig halte. Und die Vereinigungskirche macht sich Sorgen über die Einhaltung der staatlichen Neutralitätsverpflichtung in religiösen Fragen durch das, was ich hier sage. Auch diese Sorge ist unbegründet, auch mir steht die Meinungsfreiheit zu.

Auf der anderen Seite bin ich mir sehr wohl meiner Verantwortung als Minister bewußt. Ich habe einen Eid geschworen auf die Verfassung, Gerechtigkeit zu üben gegenüber jedermann. Und dies gilt auch allen gegenüber, die eine andere Meinung haben. Aber Respekt vor der Meinung eines anderen beinhaltet nicht das Verbot, sich mit dieser anderen Meinung auseinanderzusetzen, und kann auch nicht bedeuten, die Rechte, die in der Verfassung für jeden Bürger festgelegt sind, in einer schwierigen Frage nicht zu achten, sondern ganz im Gegenteil sehe ich die Verantwortung, die Grundrechte in unserem Staat zu schützen. Dazu will ich nachher auch etwas sagen. Das war sozusagen das eine Vorspiel.
Es hat aber auch bei mir im Ministerium und darüber hinaus einige gegeben, die gleichfalls Bedenken geäußert haben gegen meine Teilnahme an dieser Veranstaltung. Sie haben gerade umgekehrt argumentiert, die haben gesagt, wegen des verfassungsrechtlichen Gebots der religiösen und weltanschaulichen Neutralität könne ich ohnehin die Erwartungen, die z. B. viele Eltern hegen und an mich stellen, nicht erfüllen und dadurch müsse durch meine Anwesenheit hier und durch das, was ich sage, notwendigerweise auch eine Enttäuschung in Kauf genommen werden. Ich kann nicht, das kann ich jetzt schon voraussagen, alle Erwartungen erfüllen, die möglicherweise jemand im umfassenden Sinne an mich stellt. Aber dies kann auch Sinn dieser Veranstaltung sein: Klar zu machen, was geht und was nicht geht, unrealistischen, unerfüllbaren Erwartungen und Forderungen entgegenzutreten, wenn es um der Wahrheit und der Aufrichtigkeit der Politik willen nötig ist. Man muß sich über folgendes im klaren sein: Es ist eine Sache, darüber zu reden, wie wir bestimmte gesellschaftliche Erscheinungen moralisch, geistig, politisch, menschlich einschätzen, beurteilen und bewerten und wie wir uns mit ihnen auseinandersetzen. Es ist eine andere Sache, staatliche Maßnahmen zu fordern, die dann möglicherweise ins Gegenteil umschlagen — entgegen der Absicht derer, die sie fordern, — wenn sie von der Rechtslage her nicht gedeckt sind und eventuell Sekten und Jugendreligionen einen leichten Sieg vor den Gerichten bescheren. Dann schlägt diese Sache ins Gegenteil um. Daher muß verantwortlich, rechtlich einwandfrei und politisch klug geredet und gehandelt werden.
Unsere Rechts- und Staatsordnung geht zunächst einmal von der Mündigkeit des erwachsenen Bürgers aus, sie geht davon aus, daß die Menschen für sich selbst verantwortlich sind und für sich selbst sorgen können. Dies ist die Prämisse der freiheitlichen Demokratie, man kann diese Prämisse nicht einfach vergessen und außer acht lassen, wenn Entscheidungen von Bürgern nicht gebilligt werden, ja sogar wenn man

sie für gefährlich hält. Wir müssen etwas anderes tun. Wir müssen zunächst einmal eine einwandfreie Rechtsgrundlage haben, d.h. der Art. 4 des Grundgesetzes, um den es hier zentral geht und der die Glaubens-, die Religions- und die Gewissensfreiheit umschreibt, muß ausgelotet werden in seiner ganzen Bandbreite, auch was unser Problem betrifft. Es ist gar keine Frage, Art. 4 gehört zu den Grundrechten, die keinen sogenannten Gesetzesvorbehalt haben, — mit Ausnahme des Art. 4 Abs. 3, der die Kriegsdienstverweigerung aus Gewissensgründen umschreibt. Das bedeutet allerdings nicht, daß dieses Grundrecht sozusagen keine Schranken hätte, sondern alle Grundrechte — dies ist zumindest die überwiegende Meinung in der Rechtslehre, in der Verfassungslehre und in der Rechtsprechung — haben immanente Schranken, wie sie in Art. 2 niedergelegt sind, Schranken, die umschrieben sind mit den Begriffen verfassungsmäßige Ordnung, Sittengesetz und die Rechte anderer. Das heißt, auch die Ausübung der Religions-, der Glaubens- und der Gewissensfreiheit ist begrenzt durch die verfassungsmäßigen Rechte anderer durch die verfassungsmäßige Ordnung und durch das Sittengesetz.

Die Grundrechte, das muß man allerdings sagen, richten sich in erster Linie gegen den Staat, sie sind Freiheitsrechte des Bürgers gegen den Staat. Die Grundrechte sollen den Bürger vor Eingriffen des Staates schützen. Im Laufe der Zeit hat sich diese Bedeutung der Grundrechte erweitert und in der Rechtsprechung und in der Rechtslehre hat man in bestimmten Fällen gesagt, die Grundrechte haben auch eine sog. Drittwirkung, d. h. sie haben auch eine Bedeutung im Verhältnis der Bürger untereinander, nicht nur im Verhältnis zum Staat. Aber dies ist eine zusätzliche Interpretation, die uns nicht davon abhalten kann, immer klar zu sehen, daß die Grundrechte Abwehrrechte gegenüber staatlichen Eingriffen sind.

Ich bin allerdings der Meinung, daß die Junge Union Recht hat, wenn sie fordert, daß diese verfassungsrechtlichen Fragen verbindlich oder zumindest in einer Form, die wegweisend sein kann, von der Budesregierung abgeklärt werden. Und deswegen habe ich ja die Forderung der Jungen Union, diese Fragen in Form eines Gutachtens abklären zu lassen, nicht nur ernst genommen, sondern auf den Weg gebracht. Diese verfassungsrechtliche Frage muß nach der Geschäftsordnung der Bundesregierung allerdings von dem Ressort bearbeitet und gelöst werden, das dafür zuständig ist und dies ist das Bundesinnenministerium. Die zuständigen Beamten sitzen daran und nehmen die Aufgabe sehr ernst. Es ist eine der schwierigsten Fragen, die es gibt. Ich habe meine Doktorarbeit über den Art. 4 Abs. 3 des Grundgesetzes geschrieben, also über die Kriegsdienstverweigerung aus Gewissensgründen, und ich weiß, wie schwer diese wichtige Materie unseres Grundgesetzes zu behandeln und zu bearbeiten ist. Es ist ja jedermann klar, welche Probleme hier tangiert werden und deswegen bin ich der Meinung, man muß hier ein profundes Gutachten bekommen. Das ist der Grund, warum ich noch nicht geantwortet habe. Das Bundesinnenministerium ist eben mit dieser Gutachtenfrage noch nicht so weit. Ich dränge darauf, daß sie rasch geklärt wird. Ich muß auf der anderen Seite aber auch wieder sagen, es ist besser, es wird gründlich gearbeitet, und wir haben dann eine gute Ausarbeitung.

Wenn wir über Jugendreligionen und über Jugendsekten sprechen, dann muß ich eigentlich vom Begriff her etwas stocken, denn wir müssen feststellen, daß diese Sekten und Organisationen heute mehr und mehr ihre Anhänger nicht mehr so sehr wie früher aus der jungen Generation rekrutieren, sondern mehr und mehr aus Erwachsenen und zwar deswegen, weil sie gemerkt haben, daß der Staat auf die Jugendlichen und ihre Probleme in diesem Zusammenhang inzwischen mehr achtet als das früher der Fall war. Dennoch ist dies Problem nach wie vor akut. Was sich hier abspielt, in diesem Bereich auch der destruktiven religiösen Kulte oder wie immer man sie nennen will, ist auch Ausfluß und Folge dessen, was man als Säkularisierung in unserer Gesellschaft zu bezeichnen pflegt. Es hat wenig Sinn, an den Symptomen kurieren zu wollen. Wir müssen die Ursachen aufdecken, die zu dieser Entwicklung geführt haben, und müssen dann die Ursachen bekämpfen. Nur so kann man ein Problem richtig lösen. Man kann nicht an einem Symptom kurieren, sondern man muß die Ursachen beseitigen. Was meine ich damit? Ich meine damit in den Worten des amerikanischen Soziologen Peter L. Berger jenen Prozeß, ich zitiere, „in dem die Religion sowohl auf der Ebene der Institutionen wie des menschlichen Bewußtseins ihren Einfluß einbüßt." Diese Schwächung der institutionalisierten Religion, also auch des Einflusses und der Bedeutung unserer großen Kirchen, ist vielfältig nachweisbar, häufig beschrieben worden und nach meiner Meinung auch kaum bestreitbar. Diese Schwächung im Bereich der Religionen unserer christlichen Tradition geht nun nicht unbedingt einher mit einem Schwinden religiöser Bedürfnisse — ganz im Gegenteil. Wenn diese religiösen Bedürfnisse fühlbar bleiben, entsteht angesichts der anderen Entwicklung ein Defizit, eine Mangellage, die natürlich dann durch mancherlei Heilslehren ausgefüllt werden kann; nicht nur durch Sekten und Jugendreligionen, sondern auch durch andere gesellschaftspolitische Bewegungen. Zu solchen Pseudoheilslehren zählen auch diese

destruktiven Kulte, um die es heute geht; das will ich klar und eindeutig sagen. Es entsteht eine vagabundierende Religiosität und eine Verwilderung des Religiösen.
Man muß auch die gesellschaftspolitischen Schwächen und Defizite sehen, die sich in den vergangenen dreizehn, fünfzehn Jahren besonders stark entwickelt haben, eine Integrationsschwäche unserer Gesellschaft, die sich vor allem in den Ballungszentren und in den Großstädten auswirkt. Wir haben im ländlichen Bereich in den überschaubaren kommunalen Bereichen natürlich eine positive und bessere Wirkung noch intakter Strukturen, wie z. B. der Gemeinden, der Pfarrgemeinden, der Vereine und anderer Organisationen. Diese Strukturen verlieren ihre Bedeutung vor allem dort, wo die Gesellschaft mehr und mehr anonymisiert wird, wo der einzelne mehr und mehr allein gelassen wird, also in den Städten und in den Ballungszentren. Diese Integrationsschwäche, die hier vorhanden ist, gibt natürlich auch Rattenfängern zunächst Freiraum für fragwürdige und vielleicht verderbliche Absichten. Dies ist ein schwieriges Rechtsproblem, denn zunächst einmal schützt der Rechtsstaat die Meinungs-, die Informations-, die Glaubens- und die Gewissensfreiheit gegenüber Behörden und Institutionen, die hier eingreifen wollen: die Grundrechte haben also zunächst eine ganz gegenteilige Wirkung. Aber dieses Problem habe ich schon eben berührt. Hier müssen rechtlich einwandfreie, verfassungsrechtlich einwandfreie Grundlagen geschaffen werden. Ich komme noch einmal zu der vagabundierenden Religiösität zurück, und hier kann ich mit einer Kritik an Teilen auch der christlichen Kirchen und der Entwicklung auch der konfessionellen Jugendverbände nicht sparen. Was sich hier entwickelt hat, ist auch eine Frage an die Kirchen selber. Wenn auf den Kanzeln unserer Kirchen mehr über Umwelt und Nicaragua als über das Wort Gottes gepredigt wird, dann braucht man sich nicht zu wundern, wenn hier Defizite entstehen. Auf mehreren Kirchentagen hat das Leben eine große Rolle gespielt. Wenn man mit Teilnehmern dieser Kirchentage, und ich habe das getan, diskutiert und einmal gefragt hat, von welchem Leben redet ihr eigentlich, dann mußte man feststellen, daß viele nicht von dem Leben geredet haben, von dem im Evangelium die Rede ist, nämlich vom anderen Leben, sondern von diesem Leben. Dies nenne ich eine Theologisierung des Materialismus. Und, meine sehr verehrten Damen und Herren, wir müssen natürlich sehen, daß man durch eine solche Umkehrung jungen Menschen Steine statt Brot gibt. Wir müssen heute leider Gottes eine Hypermoralisierung, eine Theologisierung des politischen Bereiches beklagen. Dies ist keine gute Entwicklung. Die

Christlich Demokratische Union, die Christlich Soziale Union formulieren und gestalten ihre Politik auf der Grundlage des christlichen Menschenbildes. Dies ist aber etwas anderes als die unmittelbare Umsetzung der Bergpredigt in die Politik, — dies muß man ganz klar auseinanderhalten. Wer so etwas macht, politisiert das Evangelium und macht im Grunde genommen nichts anderes als was der Ayatollah Khomeini mit dem Islam in Persien betreibt. Dies muß man klar sehen.

Die Entwicklung ist ja dadurch gekennzeichnet, daß viele junge Menschen heute Fragen stellen, die über die Fragen von Angebot und Nachfrage hinausgehen. Das ist auch richtig so. Die mittlere und ältere Generation hat noch erlebt, was es bedeutet, die Freiheit zu verlieren. Deswegen war die Freiheit nach dem nationalsozialistischen Unrechtsregime, die nach 1945 durchgesetzt worden ist, ein großes Erlebnis für die mittlere und ältere Generation. Und die mittlere und ältere Generation hat noch erlebt, was Hunger bedeutet. Deswegen war Wohlstand für alle ein großes Erlebnis für diese Menschen. Aber heute ist das etwas Selbstverständliches. Und viele, und es sind nicht die Schlechtesten, geben sich nicht zufrieden mit einer kalten, nackten Freiheit und nur mit Wohlstand, sondern sie wollen die Freiheit haben, aber gleichzeitig Geborgenheit, Wärme, Sicherheit. Sie wollen Wurzeln schlagen können, und sie stellen über den Wohlstand hinaus Fragen nach dem Sinn des Lebens. Und diese Fragen nach dem Sinn des Lebens werden zunehmend in politischen Versammlungen gestellt. Es sind aber Fragen, die die Politik letztendlich nicht beantworten kann. Die Politik kann keine letzten, sondern allenfalls vorletzte Antworten geben. Die Antworten auf diese letzten Fragen müssen diejenigen geben, die dafür die Verantwortung haben. Und die Fragen der Umwelt und die Fragen über Nicaragua müssen von denen beantwortet werden, die die Verantwortung haben für die vorletzten Fragen. Ich glaube, daß dies ganz wichtig ist. Und wenn man schädliche Erscheinungsformen von den Ursachen her bekämpfen will, dann muß man dafür sorgen, daß Jugendliche in verantwortungsbewußten Gemeinschaften aufwachsen und ihnen Orientierungen und Bindungen vermittelt werden, die eben vor einer unerträglichen Entfremdung und Orientierungslosigkeit bewahren. Dazu brauchen sie die Begegnung und die Hilfe der Erwachsenen. Wir müssen damit rechnen, daß die Gefährdungen wachsen, wenn sich die Jugendlichen allein gelassen oder gar ausgestoßen fühlen. Wer junge Menschen aus solchen Bindungen reißt, der liefert sie natürlich aus an andere Organisationen.

Wir müssen auf diese Diagnose, wie ich sie gerade gestellt habe, mit einer angemessenen Gesellschafts- und Jugendpolitik antworten. Und ich meine damit ein Konzept von Gesellschaftspolitik, das dazu beiträgt, Jugendlichen das Gefühl zu geben, angenommen zu werden, zu Hause sein zu können, Wurzeln schlagen zu können. Wir brauchen infolgedessen eine Politik, die nicht auf Ausgrenzung, sondern auf soziale Integration angelegt ist; eine Politik, die nicht nur auf Emanzipation zielt, sondern Jugendliche auch zu verantwortlicher Bindung hinführt; eine Politik auch, die nicht auf eine Zerstörung verantwortlicher Institutionen, sondern auf deren Stärkung zielt.
Zu diesen Institutionen, die wir stärken müssen, die wir nicht schwächen dürfen, gehört die Familie, dazu gehören die Kirchen, dazu gehören die Schulen. Deswegen ist der Titel unserer Tagung vielleicht noch etwas ergänzungsbedürftig; es geht nicht nur um die Freiheit des einzelnen, um den Schutz des einzelnen, sondern es geht auch um den Schutz der Familien, es geht um intakte Familien. Wir müssen sehen, daß die Familien in den vergangenen 15 Jahren schweren gesellschaftspolitischen Anfechtungen ausgesetzt worden sind. Es hat öffentliche Äußerungen zuhauf gegeben, und zwar von amtlicher Seite, z. B. im ersten Sorgerechtsentwurf der damaligen Bundesregierung, wo drinstand, die Kinder müßten von der Fremdbestimmung durch die Eltern befreit werden, wo von der nur noch partiell vorhandenen Erziehungsfähigkeit der modernen Industriefamilie geredet und gesagt wurde, daß die Familien ersetzt werden müßten durch gesellschaftspolitische Bildungseinrichtungen und Institutionen. Diese Destruktion der Familie mit all ihren Auswirkungen ist mindestens genau so schädlich gewesen wie die soziale Benachteiligung durch den Abbau des Kindergeldes und durch die Verringerung des Familienlastenausgleiches, die in den letzten 15 Jahren stattgefunden hat. Deswegen ist es ein wichtiger Beitrag zu unserem Thema, daß wir eine neue Familienpolitik machen, daß hier ein neues Kapitel aufgeschlagen wird. Es ist nun schon oft genug gesagt worden, daß wir eine geistige Aufwertung der Familie brauchen. Den Beweis dafür, daß dies nicht nur leere Worte sind und Schall und Rauch, muß der Staat dadurch liefern, daß er konkrete haushaltspolitische Entscheidungen fällt — sonst sind diese Worte nichts wert. Wir schlagen dieses neue Kapitel auf durch eine neue Familienpolitik. Sie ist Beweis dafür, daß wir nicht nur reden, sondern für die Familie handeln, und zwar mit einem Finanzvolumen ab 1. Januar 1986 in der Größenordnung von über 10 Milliarden Mark, Bundesstiftung „Mutter und Kind“, Erziehungsgeld, Anerkennung von Erziehungsjahren in der Rentenversicherung, mehr

Kindergeld für einkommensschwache Familien und wichtige andere Entscheidungen im arbeitsrechtlichen Bereich. Ich füge dies deswegen hier an, weil ich fest davon überzeugt bin, daß wir die intakte Familie stärken müssen, als die wichtigste Gemeinschaft in unserer Gesellschaft, die in der Lage ist, diesen anderen Tendenzen, über die wir uns unterhalten und die wir beklagen, entgegenzutreten. Wir müssen die Familie stärken, denn, wenn junge Menschen in der Familie Liebe erfahren, Geborgenheit, Vertrauen, dann werden sie auch selbstsichere Menschen. Und in dieser Selbstsicherheit werden sie immun gegenüber den Anfechtungen totalitärer Ideologien als solche Kinder, die in sogenannten antiautoritären Institutionen großgezogen worden sind.
Dies gilt natürlich auch für die Schule. Wir brauchen eine menschliche Schule. Und das, was junge Menschen brauchen, nämlich auch Bindungen in der Freiheit, sie kann ja nicht abgeschaffen werden in Schulen, in denen die Gemeinschaft aufgelöst wird, in einem rollierenden Kurssystem, wo jede Stunde der Banknachbar wechselt, wo Schulfreundschaften eigentlich nur noch auf dem Schulweg, aber nicht mehr in der Schule selber geschlossen werden können. Wir brauchen eine menschliche Schule, in der die Schüler nicht gegen die Eltern ideologisch vorprogrammiert werden, sondern wo Eltern, Schüler und Lehrer zusammenarbeiten.
Wir brauchen keinen Klassenkampf in der Schule, sondern Partnerschaft. Die Schulen haben die Aufgabe, zu informieren, und sie haben eine erzieherische Aufgabe, die dazu führen muß, daß die Institutionen geachtet und gepflegt werden, von denen ich gerade geredet habe. In den Schulen muß auch ein wichtiger Teil der Informationsarbeit über Jugendsekten und Jugendreligionen geleistet werden. Ohne die Schulen geht es nicht.
Ich will jetzt auf einen anderen Bereich hier nicht näher zu sprechen kommen, nämlich: was kann der Staat gesellschafts-, sozial- und arbeitspolitisch tun, um ein anderes großes Defizit, eine andere große Aufgabe, zu bewältigen, nämlich die Frage nach der Zukunft junger Menschen zu beantworten, vor allem im beruflichen Leben. Ich bin gerne bereit, dazu in der Diskussion Auskunft zu geben, wenn hier solche Fragen gestellt werden. Hier ist ein umfassendes Programm vorhanden, bis hin zu dem — das darf ich vielleicht doch sagen — einmaligen Rekord, der in diesem Jahr und im letzten Jahr erreicht worden ist. Es sind nämlich in diesem Jahr 730.000 Lehrstellen bereitgestellt worden, und alle jungen Leute, die ausbildungswillig und ausbildungsfähig sind, konnten im Jahre 1984 auch einen Ausbildungsplatz bekommen. Dies ist eine

großartige Leistung und trägt mit dazu bei, Zukunftshoffnung und Zukunftschancen zu vermitteln.
Nur, meine sehr verehrten Damen und Herren, das alles reicht nicht aus; wir brauchen eine jugendpolitische Konzeption auch in den Jugendorganisationen, aber auch in den Jugendämtern, die in diesem Sinne, wie ich es dargelegt habe, richtig ist. Man kann heute drei jugendpolitische Konzepte unterscheiden, von denen ich zwei für falsch halte, die unterschiedliche gesellschaftspolitische Grundauffassungen widerspiegeln. Da gibt es die einen, die wollen junge Leute erziehen zu einer grundsätzlichen Opposition zur Gesellschaft. Sie wollen Jugendliche dabei unterstützen, eine „Identität im Widerstand" zu entwickeln, wie formuliert wird, eine Identität im Widerstand, die sie den „Vereinnahmungstendenzen einer lebensfeindlichen Umwelt schrittweise entgegensetzen können". Dies ist nicht meine Meinung, wie Sie sich denken können. Sie wollen eine Hinführung zu einer Jugendkultur im Widerstand. Das macht deutlich, daß diese jugendpolitische Konzeption nicht Integration, sondern Ausstieg und Selbstausbürgerung anstrebt. Einer solchen Jugendarbeit geht es letztendlich darum, das Potential für eine andere Gesellschaftsordnung zu verstärken. Eine Jugendarbeit mit dieser Zielsetzung wird nicht mit der Unterstützung der Bundesregierung rechnen können.
Es gibt eine zweite Position, und diese Position lautet ungefähr so: Für junge Leute möglichst viele Freiräume. Darüber kann man debattieren, aber mit einer negativen Abgrenzungstendenz. Das ist eine Jugendarbeit, die die Jugendarbeit isoliert, eine Jugendarbeit, die tendenziell die Abschottung junger Menschen von den anderen Generationen beinhaltet: Junge Leute nur mit jungen Leuten, Alte nur mit Alten zusammen, Erwerbstätige nur mit Erwerbstätigen, Arbeitslose nur mit Arbeitslosen. Das ist eine gettoisierende Gesellschafts- und Jugendpolitik. Eine solche Jugendpolitik, Jugend nur mit Jugend, führt im Endeffekt zu einer Gettoisierung der Jugend, die so von den Erfahrungen der älteren Generation abgeschnitten wird. Sie macht ein Gespräch zwischen den Generationen unmöglich, ja sie zieht geradezu darauf ab, das Gespräch zwischen Jungen und Älteren, zwischen Kindern und Eltern, Jugendlichen und ihren Eltern unmöglich zu machen. Dafür gibt es eine Menge Beispiele. Ich will aus Zeitgründen nicht ausführlich darlegen, was eine Forschergruppe des Deutschen Instituts für Urbanistik in ihrer Studie über Jugendvandalismus vorgelegt hat, wo aber genau dieses Problem umschrieben worden ist, daß vor allem auch von den Jugendämtern jugendpolitische Maßnahmen nur dann unterstützt und Finanzmittel bereit gestellt werden, wenn es sich um sozu-

sagen „reinrassige“ Jugendveranstaltungen handelt. Daß aber immer in dem Moment, wo Junge und Ältere zusammenkommen, die Finanzmittel nicht mehr zur Verfügung gestellt werden, weil es sich nicht mehr um eine im strengen Sinn jugendpolitische Veranstaltung handle. Ich halte eine solche Jugendpolitik für total verfehlt.

Begegnungen von jungen Menschen mit älteren Menschen sollten gerade besonders gefördert werden, nicht nur im Interesse der Älteren, sondern auch im Interesse junger Menschen. Ich glaube, daß wir eine ganz andere Konzeption brauchen, nämlich eine Konzeption, die darauf hinausläuft, über die Generationen hinweg eine neue Verständigung über die gemeinsam zu bewältigenden Zukunftsaufgaben und die dahinter stehenden Wert- und Zielvorstellungen zu suchen.

In diesem Sinne — und das ist die Position, die ich vertrete — hat der Pädagoge Hermann Giesecke ein geändertes Verständnis von Jugendarbeit gefordert. Und dies muß in die Köpfe aller für die Jugendarbeit Verantwortlichen hinein. Jugendarbeit sollte danach nicht mehr nur noch in und mit Gruppen Gleichaltriger stattfinden. Sie sollte vielmehr gut daran tun, ich zitiere, „das Getto der Gleichaltrigkeit zu durchbrechen und generationsübergreifende Angebote der Bildung, der Besinnung und des Gesprächs zu machen.“ Dies ist im übrigen auch ein wichtiges Ergebnis des Enquête-Berichts Jugendprotest, der nach Chancen für einen gemeinsamen Lernprozeß aller Generationen sucht.

Ich möchte zusammenfassend zu diesem Punkt sagen: Die Jugendarbeit kann einen begrenzten, aber nicht unwichtigen Beitrag zur Verhinderung wechselseitiger Ausgrenzungen leisten, indem sie bewußt auf einen gemeinsamen Verständigungshorizont und die gemeinsame Verantwortung von Jung und Alt in unserer Gesellschaft hinarbeitet, und dadurch Tendenzen der Jugendreligionen und Jugendsekten, Jugendliche ganz bewußt von ihren Eltern zu trennen, behindern und aufheben kann.

Natürlich muß der Staat zusätzliche Maßnahmen ergreifen, und dazu gehört, daß vor allem die Bestimmungen des Strafrechts überwacht werden und dafür Sorge getragen wird, daß sie auch eingehalten werden. Die strafrechtlichen Bestimmungen vor allem über Freiheitsberaubung und über Nötigung behalten ihre Gültigkeit, auch wenn Handlungen zum Beispiel innerhalb pseudoreligiöser Organisationen stattfinden. Es gibt hier insoweit keinen staatsfreien Raum. Freiheitsberaubung und Nötigung sind auch innerhalb dieser Organisationen nicht erlaubt, sondern sie sind verboten und strafbar.

Ich habe die positiven Vorstellungen von Jugendpolitik deswegen dargelegt, weil es zentrale Aufgabe der Jugendpolitik ist, jungen

Menschen positive Entwicklungschancen zu bieten, damit sie auf der Suche nach positivem Sinn und positiven Zielen nicht bei destruktiven Sekten landen. Aber es ist auch Aufgabe des Staates, Jugendliche gegen Gefahren zu schützen, die die körperliche und seelische Entwicklung gefährden. Dem dient zum Beispiel das Jugendschutzgesetz, das wir in der letzten Woche verabschiedet haben, ein Jugendschutzgesetz, das in der Lage ist, junge Menschen vor Darstellungen brutaler und menschenverachtender Gewaltanwendung zu schützen. Aber es ist klar, daß es leichter ist, Videokassetten eine Etikette aufzukleben oder Jugendlichen zu verbieten, in einen Sex-Shop zu gehen, als Organisationen, Pseudoreligionen Etiketten aufzukleben und sie genauso zu behandeln wie Pornofilme. Es ist ebenso klar, daß letzteres schwieriger ist. Aber eine Parallele ist vorhanden. Auch das Jugendschutzgesetz wird seine Wirkung, oder die volle Wirkung nur entfalten, wenn alle zusammenarbeiten, wenn alle — auch die Eltern — mitarbeiten. Das ganze Jugendschutzgesetz hat keinen Wert, wenn Horrorfilme und Pornofilme von Erwachsenen gekauft werden und dann in den Familien herumgereicht oder dort liegen gelassen werden. Das ist auch klar. Wir müssen hier zu einer Zusammenarbeit kommen. Und dasselbe gilt natürlich bei unserer Arbeit gegenüber Jugendsekten und Jugendreligionen, Pseudojugendreligionen, wenn gefährliche und zerstörerische Entwicklungen vorhanden sind. Hier müssen Eltern und Staat zusammenarbeiten. Und hier ist es in erster Linie Aufgabe von uns allen und Aufgabe des Staates, eine qualifizierte Informations- und Aufklärungsarbeit über diese Jugendreligionen und Jugendsekten zu leisten, über ihre Ziele, ihre Organisationsstrukturen und Praktiken sowie über die möglichen negativen und schädigenden Einflüsse auf junge Menschen. Dies ist ein wichtiger Beitrag, denn durch die Information, durch Aufklärung, muß und kann das Bewußtsein auch unserer jungen Mitbürgerinnen und Mitbürger so gestaltet werden, daß sie weniger anfechtbar sind gegenüber diesen Einflüssen.

Und es ist besser, hier Geld auszugeben. Eine Mark auf dem Gebiete der Information und Aufklärung zusätzlich ist viel mehr wert, als hinterher tausend Mark auszugeben, um in irgendwelchen Einrichtungen die Schäden wieder zu reparieren, die deswegen eingetreten sind, weil die Leute vor allen Dingen nicht richtig informiert worden sind.

Dies ist ein wichtiger Beitrag, sowohl um mögliche psychische und materielle Schäden von den jungen Menschen abzuwenden oder zu mildern, als auch, um den betroffenen Familien Hilfe und Unterstützung in ihrer Problemsituation zu gewähren. Und es ist wichtig, um alle gesetz-

lichen Möglichkeiten zum Schutze betroffener junger Menschen und ihrer Angehörigen auszuschöpfen.
Dies muß ein Schwerpunkt der Arbeit der Bundesregierung sein: Informations- und Aufklärungsarbeit, und zwar zusammen mit den öffentlichen und freien Trägern, vor allem mit den Elterninitiativen, die hier heute auch vertreten sind, und mit den Beauftragten der Kirchen für Weltanschauungs- und Sektenfragen. Zahlreiche Veranstaltungen, Konferenzen und Fachtagungen, die sich mit diesem Problem beschäftigt haben, sind ja von meinem Ministerium ermöglicht und gefördert worden. Ich will jetzt die einzelnen Veranstaltungen hier aus Zeitgründen nicht nennen. Wir haben es über die Elterninitiative zur Hilfe gegen seelische Abhängigkeit und religiösen Extremismus in München auch ermöglicht, daß an der heutigen Veranstaltung Betroffene, Eltern und Vertreter von Elterninitiativen aus dem gesamten Bundesgebiet teilnehmen können. Dies ist ein Grund, warum ich auch hier bin.
Ich bin vorhin gefragt worden, warum dürfen die Leute von den Sekten hier nicht in den Saal herein. Das ist eine Sache der Veranstalter, wir haben ja immer noch die Freiheit auch des Hausrechtes. Aber ich bin der Meinung, daß der zuständige Bundesminister in erster Linie den Betroffenen zur Verfügung stehen sollte, die ihre Sorgen und ihre Probleme haben und hier auch mit mir diskutieren sollen. Diese Bundesregierung wird ihre Informations- und Aufklärungsarbeit fortsetzen und sie wird ihre Bemühungen dort, wo es sich auf Grund der Gegebenheiten als notwendig erweist, auch noch verstärken. Dazu gehören Ausbau des Informations- und Erfahrungsaustausches mit den Bundesländern, Qualifizierung und Ausbau der Arbeit, der Elterninitiativen auf Bundes- und auf Länderebene, Ausbau und Qualifizierung der Beratungsdienste, der Familien-, Ehe-, Lebens-, Erziehungs- und Jugendberatung, Vertiefung der wissenschaftlichen Erkenntnisse über das Phänomen Jugendsekten und die einzelnen Gruppierungen und anderes mehr.
Wir können feststellen, und dies ist erfreulich, daß diese Anstrengungen nicht erfolglos geblieben sind. Im Gegenteil, ich konstatiere noch einmal das, was ich am Anfang gesagt habe, daß die sogenannten Gruppierungen ihre Anhänger und Mitglieder wegen der öffentlichen Kritik, rechtlicher Konsequenzen und der Informationsarbeit unter Jugendlichen kaum mehr unter Jugendlichen, sondern nahezu ausschließlich unter Erwachsenen rekrutieren. Die Bundesregierung weiß aber auch, daß der Staat die Auseinandersetzung im Problembereich Jugendreligionen/Jugendsekten nicht allein, ja nicht einmal in erster Linie führen kann. Es ist

auch die Grundlage unserer freiheitlichen Grundordnung, die den Wirkungsmöglichkeiten des Staates in diesem Bereich Grenzen setzt; aber die Möglichkeiten des Strafrechts müssen ausgeschöpft werden, ebenso die Möglichkeiten des Ordnungsrechtes und auch des Gemeinnützigkeitsrechtes unter voller Aufrechterhaltung der Glaubens-, Gewissens- und Religionsfreiheit in den von mir vorhin genannten Schranken. Das heißt, wir müssen die rechtlichen Mittel ausschöpfen. Hier ist noch eine ganze Reihe von Dingen zu prüfen. Aber wir müssen auf der anderen Seite auch sehen, daß der Staat und unsere Verfassung der Meinungs-, Glaubens- und Gewissensfreiheit einen sehr hohen Rang einräumt und deswegen hier auch zu Recht Grenzen gesetzt sind. Freien Organisationen, den Kirchen, den Wohlfahrtsverbänden, den Jugendverbänden, den Elterninitiativen und selbstverständlich auch den politischen Parteien steht demgegenüber für die Auseinandersetzung mit diesen Jugendreligionen ein sehr viel größerer Spielraum zur Verfügung, und dies muß von der Bundesregierung auch unterstützt werden. Ich möchte nicht nur Sie, sondern alle gesellschaftlichen Kräfte, nicht zuletzt die christlichen Kirchen ermuntern, diesen Spielraum der geistigen Auseinandersetzung, der Informations- und Aufklärungsarbeit umfassend zu nützen, Aktionsmöglichkeiten zu nützen und eine offensive Auseinandersetzung verstärkt zu führen. Dies ist ein wichtiger Beitrag, um unsere Kinder und die Jugendlichen vor falschen Verführungen zu retten. Nicht alles ist falsch, was sich auf diesem Sektor abspielt, aber es gibt Entwicklungen, die wir nicht akzeptieren können. Ich bin sicher, daß diese Veranstaltung dazu auch einen wichtigen Beitrag leisten wird, und in diesem Sinne haben Sie auch meine volle Unterstützung.

Robert Sauter,
Präsident des Bayer. Jugendrings

Jugendsekten heute — Ursachen und Hintergründe

Es geht in meinem Referat um Ursachen und Hintergründe des Phänomens Jugendsekten, d.h. ich werde mich mit Wirkungen und gesellschaftlichen Zusammenhängen beschäftigen müssen, welche die Entwicklung dieser pseudoreligiösen Bewegungen begünstigen. „Freiheit des einzelnen schützen", das Motto dieser Konferenz, bedeutet ja auch sicher nicht die Individualisierung von Fehlentwicklungen, sondern hebt wohl auf gesellschaftliche Befindlichkeiten und Verantwortung ab. Gerade durch die Befassung auf verschiedenen politischen Ebenen, so z.B. im Europäischen Parlament, im Deutschen Bundestag und nicht zuletzt durch diverse Beschlußfassungen des Bayerischen Landtags wird die Aktualität im politischen Raum deutlich.

Lassen Sie mich im folgenden

1. den Versuch einer phänomenologischen Beschreibung der Wirkungsgeschichte von Jugendsekten in unserer Gesellschaft unternehmen;
2. einige Bedingungen für deren „erfolgreiche Arbeit" aufzeigen, und
3. einige kurze Anmerkungen aus der Sicht der Jugendarbeit für eine gesellschaftlich relevante Aufarbeitung des Problems machen.

1. Wirkungsgeschichte — Ursachen für die Verbreitung

Die Schlagzeile „Befreiungsaktion aus gefährlicher Sekte" rückte im Jahre 1973 ein noch fremdes und unheimliches Phänomen in das öffentliche Bewußtsein. Hintergrund war, daß sich ein Mainzer Lehrer entschloß, unter Einschaltung von Presse und Fernsehen seinen verschwundenen Schüler in der Moon-Sekte aufzustöbern. Niemand hätte damals daran gedacht, vermutlich der handelnde Pädagoge selbst am wenigsten, daß es etwas mehr als 10 Jahre später nötig sein wird, einem seiner Hamburger Kollegen durch die Schulbehörde das Tragen roter „Bekenntnis-Kleider“ als Zeichen der Zugehörigkeit zur Baghwan-Bewegung zu untersagen; eine Initiative der Eltern aus Angst davor, daß ihre Kinder in die Abhängigkeit eben auch dieser Sekte geraten (SZ 23. 8. 84). Daß Mitglieder von Jugendsekten zum Teil an exponierter Stelle sitzen, dazu müßte man allerdings nicht das Hamburger Beispiel bemühen. Auch in Bayern gibt es solche Fälle (z. B. Baghwan-Mitglied beim DJI oder in Schulen bzw. der Scientologe, der vor 2 Jahren mit dem Hinweis, Mitarbeiter im Kultusministerium zu sein, für seine Psycho-Sekte warb). In 10 Jahren hat sich durch die Tätigkeit dieser neuen religiös-weltanschaulichen Bewegungen — lassen wir Jugendsekten als Arbeitstitel stehen — vieles geändert. Darauf komme ich noch zu sprechen. Was damals wie heute gleich ist, ist die Angst der Eltern, daß ihre Kinder „missioniert“ werden. Dank der Aufzeichnungen von Pfarrer Friedrich-Wilhelm Haack haben wir eine große Anzahl von Berichten der betroffenen Eltern und wissen um die Erlebnisse aus Gesprächsprotokollen mit Aussteigern aus Jugendsekten. Wir wissen um die tiefgreifenden Änderungen bis hin zu Änderungen in der Persönlichkeitsstruktur, die durch viele Strukturen und Methoden der Jugendsekten gerade bei Jugendlichen in der Phase der Adoleszenz, bei der Suche nach Orientierung, Bindung und der Entwicklung eigener Identität bewirkt werden.

Faszination und gezielte Vereinnahmung führen dazu, daß bisher gültige Grundregeln, Überzeugungen und Werte wie Kleider abgestreift werden und sich aus der intellektuellen und emotionalen Bindung an einen Meister, Guru oder Gründer und in Gehorsam gegenüber seiner Heilslehre ein neues Weltbild ergibt. Radikale Nachfolge, absoluter Gehorsam, totales Engagement und die Bereitschaft zur allumfassenden Rechtfertigung gehen sogar bis zum Verzicht auf eigene Ansprüche und Grundrechte. Verfallenheit an die Ersatzfamilie und geistige Entmündigung führen zu einem hohen Grad an Relitätsverlust. Vieles, was politisch brisant und klärungsbedürftig war, verliert aus dieser „jenseitigen“ Betrachtungsweise die Brisanz und die Bedeutung für das eigene und das gesellschaftliche Leben. Man nimmt eine anachronistische Form von Religion in Kauf.
Die Verbindung von Religion und Macht, von Religion und Geld sowie von Intoleranz wurde insbesondere in unserem abendländischen Kulturkreis durch Aufklärung und durch institutionelle Verfassungen ihrer Omnipotenz beraubt. Um so fassungsloser muß man wahrnehmen, wie kurz der Weg von den „göttlichen“ Prinzipien der Vereinigungskirche

zu einem Wirtschaftsimperium sind, von Baghwans dynamischer Meditation zu gewinnbringenden Diskotheken. Die „sektenhafte“ Geschlossenheit des jeweiligen Lehrsystems und der autoritär geführten Organisation widerspricht den Prinzipien unserer Gesellschaft (so sollte man wenigstens annehmen) und erschwert eine normale Kommunikation mit Anhängern dieser Jugendsekten. [1])

Nun ist zu fragen, was sich an den Praktiken der Tätigkeit der Jugendsekten geändert hat, an welchen Indikatoren ihre Wirksamkeit abzulesen ist. Mir scheint, daß man den Zustand der Jugendsekten heute, einmal abgesehen von ihrer inneren Verfassung, mit den Begriffen Anpassung und Expansion umschreiben kann. Expansion, was den Umfang der aktiven Anhänger anbetrifft, wenngleich festzustellen ist, daß die Werbung unter Jugendlichen abnimmt, dafür aber eine erhöhte Werbetätigkeit bei den Erwachsenen zu verzeichnen ist. Nach Erkenntnissen der Jugendämter soll es in der Bundesrepublik ca. 60.000 aktive Anhänger, davon 5.000 angestellte Funktionäre in Jugendsekten geben (SZ 23. 8. 84). Expansion ist jedoch auch sicher festzustellen, was die Einflußbereiche und die Interessensphären der Jugendsekten anbelangt. Zunehmend spielen wirtschaftliche und auch politische Aspekte eine Rolle. Es wird berichtet, daß die Gesellschaft für Transzendentale Meditation bereits eine Parteigründung erwägt, die Baghwan-Sekte über 500 Firmen in der Bundesrepublik, darunter 50 Diskotheken, Bistros und Restaurants verfüge, die Moon-Sekte vor allem mit Immobilien handle, der Milliarden-Konzern der Scientologen dabei sei, ins Ölgeschäft einzusteigen und dessen Vermögen in der Bundesrepublik auf ca. 100 Millionen DM geschätzt werde (SZ 23. 8. 84). Diese Expansion bedeutet zugleich Anpassung an gesellschaftlich relevante Bedürfnisstrukturen, indem sie vorhandene Erwartungshaltungen aufnimmt und befriedigt. Einer Umfrage unter deren Bezirksjugendringen entnehme ich, daß landauf — landab festzustellen ist, daß immer mehr dieser Gruppen versuchen, mittels nach außen hin unverfänglichen Angeboten und Transorganisationen Mitglieder zu gewinnen bzw. ihre Finanzen aufzubessern. Dabei gibt es eine breite Palette, die von Beratungsangeboten, Psychotrainings, Kulturzentren Teestuben, Lehrerfortbildung, Schüler-Lernhilfen, Öko-Läden, Kneipen

[1]) Reimer, H.D./Hummel, R.: Jugendreligionen in den 80er Jahren. Eine Bestandsaufnahme. In: Materialdienst der EWZ 4/1984

und Diskotheken reicht. Von Anpassung kann man m. E. auch sprechen, wenn man das Auftreten der Jugendsekten ansieht, das Selbstbewußtsein, die Inanspruchnahme rechtsstaatlicher Mittel für die Durchsetzung der Interessen und eine gewisse Legalisierung ihrer Praktiken.

Die Phase des gebannten Starrens auf das Phänomen, das identisch mit der Zeit ist, in der man die Jugendsekten für die großen Verführer und „Rattenfänger" der Nation gehalten hat, wurde Ende der 70er Jahre abgelöst von einer bewußteren gesellschaftlichen Auseinandersetzung mit dem Phänomen. Gleichlaufend mit dieser Diskussionsphase war die Erkenntnis, daß es sich hier trotz aller Differenziertheit des Angebots um eine Bewegung handelt, die in gewisser Weise der Bedürfnisstruktur junger Menschen entgegenkommt. Davon wird noch zu sprechen sein. Festzustellen ist, daß umfangreiche Aufklärungsaktionen ein weiteres Ausbreiten und eine gewisse Konsolidierungsphase nicht haben verhindern können. In der Wertung des Vorgangs ist sicher die Tatsache einer sich ausbreitenden Alternativ-Szene in dieser Zeit einzubeziehen. „Generell gesehen können die Jugendreligionen als Teile der Alternativ-Szene gedeutet werden. Freilich muß hinzugefügt werden, daß Vorstellungen und Werte der Alternativ-Kultur bei ihnen in „versekteter" Gestalt vorliegen, d. h. daß sie mit einem Absolutheitsanspruch auftreten, der von einer autoritären Organisation abgesichert ist. Es handelt sich um eine Art „Kader-Religion". [1]) Die auch in den Kirchen festzustellende Suche nach Freiheit und Selbstverwirklichung ist im Klima der Jugendsekten in Hörigkeit und Selbstentfremdung umgeschlagen.

2. Die Aktivitäten der Jugendsekten auf dem Hintergrund der gesellschaftlichen Situation der Jugend

Es lohnt sich in diesem Zusammenhang, zunächst einmal einen Blick auf die unterschiedlichen Phänomene zu werfen, welche Anlaß geben, über die Situation Jugendlicher nachzudenken. Die massenhafte Beteiligung an Friedenskundgebungen, Demonstrationen zu Umweltproblemen, nicht zuletzt aber auch die Formen der Demonstration selbst bezeichnen bereits die Themen, an denen sich jugendlicher Protest in besonderer Weise entzündet:Themen, die unser Zusammenleben betreffen, die die Zukunft, insbesondere die Vorsorge für eine gesunde Umwelt, Frieden

[1]) Reimer, H.D./Hummel, R: Jugendreligionen in den 80er Jahren. Eine Bestandsaufnahme. In: Materialdienst der EWZ 4/1984

und Gerechtigkeit im nationalen und internationalen Bereich betreffen. Andere Erscheinungsformen der Auflehnung sind die Flucht in Alkohol und Rauschdrogen, Vandalismus, Selbstmorde. Und in eine eigene Rubrik gehört alles das, was wir gemeinhin mit dem Stichwort „alternative Lebensweisen" bezeichnen: Das Zusammenleben in Wohngemeinschaften unter oft bescheidenen, materiell anspruchslosen Verhältnissen, der Ausstieg aus einer höheren schulischen oder beruflichen Laufbahn zugunsten einer einfachen, aber produktiven Tätigkeit. Vielfach unbemerkt vollziehen viele Jugendliche den Rückzug ins „Private", nach außen hin unauffällig, zwar den Anforderungen in Schule oder Beruf nachkommend, aber ohne erkennbare Beteiligung am „gesellschaftlichen Leben". Andererseits sind viele Jugendliche bereit, sich voll für eine Sache einzusetzen, und dafür auch Außerordentliches zu leisten und persönliche Opfer zu bringen (Einsatz für Behinderte und Benachteiligte in unserer Gesellschaft, Dritte-Welt-Aktionen, nicht zu vergessen, die Jugendlichen, die sich in der Jugendarbeit engagieren). Nebenbei bemerkt, bei genauerem Hinsehen lassen sich ähnliche Phänomene, die Anzeichen der Suche und Signale für Unbeheimatet-sein sind, auch bei Erwachsenen feststellen, man denke nur an den Psycho- und Gesundheitsmarkt, den Okkultismus.
Die Frage nach den Bedingungen für die „erfolgreiche" Arbeit der Jugendsekten kann nicht an diesen Hintergründen vorbeigehen, die u. a. im Bericht der Enquete-Kommission des Deutschen Bundestages „Jugendprotest im demokratischen Staat" ausgebreitet sind.
Die zentrale Frage nach der Gesamtbefindlichkeit der Jugend in unserer Gesellschaft, die aus meiner Sicht den Erfolg der Jugendsekten erklärt — dabei bin ich mir bewußt, daß eine differenzierte Betrachtungsweise einzelner Sekten an die Stelle dieser pauschalen Nennung treten müßte —, ist Aufgabe dieses Arbeitskreises. Lassen Sie mich einige Stichpunkte nennen, die Leitfaden für diese Diskussion sein könnten.

1. Viele junge Menschen haben Angst, daß es keine lebenswerte Zukunft gibt, „wenn alles so weitergeht wie bisher". Es ist die Angst vor dem Ausgeliefertsein an Sachzwänge, die ihrerseits neue Sachzwänge hervorbringen, Sachzwänge, die gleichzeitig Katastrophen wahrscheinlicher machen. Es ist, damit zusammenhängend, die Angst, daß politische Entscheidungen nur noch diesen Sachzwängen folgen, ohne dadurch das menschliche Zusammenleben zukunftsweisend gestalten zu können.

2. Für viele Jugendliche, die keinen Ausbildungs- oder Arbeitsplatz finden oder deren Beruf in absehbarer Zeit nicht mehr gebraucht wird, ist diese Angst Ausdruck unmittelbarer existentieller Bedrohung, die in einer Umwelt offensichtlichen Wohlstands schnell in tiefgreifende Resignation umschlägt.

3. Nicht die Ängste sind vielfach das eigentliche Problem, sondern die Art und Weise, wie sie im jeweiligen gesellschaftlichen Kontext, u. a. politisch bewertet werden. Man hat es sich angewöhnt, die offen artikulierten Ängste junger Menschen als Irrationalismen abzutun. Angst sei ein schlechter Ratgeber, wer Angst habe, könne die Zukunft nicht meistern. Und: Politik sei — dagegen — ein rationales Geschäft, vernunftgemäßem Abwägen folgend, welches nicht von emotionalen Eskapaden abhängig sein dürfe. Lassen Sie mich dazu anmerken: Genau an diesem Punkt der Bewertung der Ängste junger Menschen müssen die rationalen Zweifel ansetzen. Es ist die Frage zu stellen, ob die Verdrängung von Ängsten wirklich rationaler ist als „Angst haben". Angesichts der konkreten Bedrohung der Umwelt, angesichts des eher unsicher werdenden Friedens (oder Nicht-Kriegs) in Europa und des Nicht-Friedens anderswo, angesichts der Sprachlosigkeit der Großmächte über die Erhaltung eines dauerhaften Friedens durch Abrüstung, angesichts einer eher verhärtenden Tendenz hinsichtlich der Verwirklichung der Menschenrechte in allen Ländern dieser Welt, angesichts des Hungers und der Not in der Dritten Welt, scheint gerade das Ignorieren und Verdrängen dieser Ängste **der** Irrationalismus in der gegenwärtigen politischen Auseinandersetzung zu sein. Erst das Ernstnehmen dieser Ängste und die Auseinandersetzung mit diesen, nicht ihre Verdrängung, kann Antriebe, die aus Ängsten entstehen, in konstruktives Handeln umsetzen. Was wir brauchen, ist die Wiedergewinnung rationaler Auseinandersetzung mit Ängsten.

4. In diesem Zusammenhang spielen die Komplexität der Verhältnisse und die Kompliziertheit der politischen Entscheidungen natürlich eine bedeutende Rolle, die Entwertung des persönlichen Nahraums durch eine Expansion nationaler und internationaler Entscheidungsebenen. Und in diesem Zusammenhang ist die Flucht in die Sekte, das Auflösen komplexer Strukturen in einfache Entscheidungsabläufe von oben nach unten, wie sie die Heilslehren suggerieren, eine große politische Gefahr. Nicht zuletzt deshalb, weil diese Jugendsekten nicht frei von politischen Ansprüchen sind, ich denke hier nur an die Verei-

nigungskirche, die in einigen Tarnorganisationen konkret politische, in diesem Fall antikommunistische Ziele verfolgt.

5. Die offene Auseinandersetzung über Wertsetzungen und Fragen nach dem Sinn treten in unseren alltäglichen Lebensabläufen in den Hintergrund. Ursache hierfür dürfte sein, daß Institutionen, in denen diese Fragen grundgelegt werden sollen, dies nicht mehr genügend leisten. Beispielsweise sei hier auf die Situation der Familien, insbesondere der Kleinfamilien und ihrer sozialen Bindungen verwiesen, desweiteren auf die Art und Weise der Lernorganisation und der Lernziele in der Schule, nicht zuletzt auf die Bedeutung der Kirchen und ihre Schwierigkeit, religiöse Dimensionen zu vermitteln, die verbindliche Orientierung für den Alltag darstellen.

6. Lassen Sie mich in diesem Zusammenhang auf die Funktion von Leit- und Vorbildern zu sprechen kommen, Menschen, die Wertüberzeugungen entwickeln und wesentlichen Anteil im Laufe der Sozialisation an der Identitätsfindung Jugendlicher haben. Die Entwicklung und die Veränderung des Wertbewußtseins steht in einer ständigen Wechselwirkung mit dem, was die Gesellschaft durch ihre Institutionen an Wert vermittelt. Diese Wertvermittlung ist heute gefährdet, nicht zuletzt weil Verhaltensnormen wie Wahrhaftigkeit, Standhaftigkeit der Meinung auch in schwierigen Situationen, Übereinstimmung von Wort und Tat spielen im gesellschaftlichen Leben nicht mehr die Rolle, die ihnen zukommt, zumindest wenn man das analysiert, was meinungsbildend publiziert wird (Hinweis auf Flick-Affäre).

7. Nochmals zur Familie: Wir haben es mit einer zunehmenden Ent-Privatisierung der Familie zu tun. Auf den Familien lastet heute natürlich der gesamte Druck gesellschaftlicher Verunsicherung, materielle Einschnitte, auch Arbeitslosigkeit. Die Familie aber ist überfordert, all diese Probleme zu lösen. Die Möglichkeiten der Familie, als differenziertes Bezugssystem Heimat, Rückhalt zu bieten, werden aufgrund vielfacher Ursachen geringer, Belastungen, Anforderungen und Legitimationsfragen stärker.

8. Es muß hier auch die Frage nach der Integrationsfähigkeit von Institutionen gestellt werden. Diese Integrationsfähigkeit hängt — bildlich gesprochen — davon ab, inwieweit sie an ihren Rändern offen

sind, sozusagen in andere Szenen hineinreichen, Veränderungspotentialen Raum geben, jugendlichen Gestaltungswillen tatsächlich zulassen. Ich muß feststellen, daß diese Integrationsfähigkeit weithin verkümmert, ich kann die Parteien hiervon nicht ausnehmen.

9. Es fehlt eine jugendgerechte Jugendberatung. Für alles mögliche gibt es Fachberatungsstellen, für den Fischzüchter und den jungen Selbständigen, für den Autofahrer und für die Eltern. Ein junger Mensch in seinen spezifischen Nöten und Sorgen steht da zunächst alleine da. Spezielle psycho-soziale Jugendberatung konnte sich bis heute leider nicht durchsetzen.

3. Gesellschaftlich relevante Aufarbeitung des Problems der Jugendsekten aus der Sicht der Jugendarbeit

Die Freiheit des einzelnen zu schützen, ist der Verfassungsauftrag und es ist Aufgabe der Politiker, alles in ihrer Macht Stehende zu tun, dieses auch im Blick auf die Jugendsekten und deren neue Äußerungsformen zu erreichen. Niemand darf durch Anschluß an eine religiös-weltanschauliche Gruppierung seine Persönlichkeitsrechte aufgeben müssen. In diesem Zusammenhang ist an den Ursachen anzusetzen, sind Entscheidungen rechtlicher Art zu treffen, ist Aufklärungsarbeit zu leisten. Aus meiner Sicht tut Jugendarbeit derzeit folgendes: Sie sammelt Erkenntnisse und beobachtet flächendeckend die Szene. Sie schult Multiplikatoren, indem sie über Jugendsekten informiert und über den Umgang mit ihnen (dies ist nicht zuletzt wichtig, da die Formen der Einflußnahme in bestehende Organisationen immer raffinierter werden), sie gibt Hilfen im Einzelfall, soweit es mit den beschränkten Mitteln geht, oder durch Hinweis auf die Beauftragten für Jugendsekten der großen Kirchen und sie hilft durch gezielte Intervention im Einzelfall. Der wesentliche Beitrag besteht jedoch aus meiner Sicht in der prophylaktischen Arbeit, indem Jugendarbeit versucht, **den** Rahmen für Jugendliche zu schaffen, den sie zur Ausbildung ihrer Normen und Werte brauchen. Durch ihre Struktur ist sie für Jugendliche ein Einübungsfeld in politische Verhaltensweisen. Dahinter steht der Wunsch, der in enger Beziehung zum Internationalen Jahr der Jugend steht, dahinter steht der Wille, Zukunftsangst aufzuarbeiten und Hoffnung auf politische Handlungsfähigkeit durch rationale Entscheidungen zu vermitteln. Institutionell eingebunden in die Jugendarbeit sind heranwachsende und erwachsene Ehrenamtliche, die durch ihre Lebensweise, durch ihr überzeugtes Eintreten in Sachfragen und ihr Engagement, sei es im politischen Bereich, sei es im musisch-kulturellen Bereich oder in der Freizeit Vorbildfunktion haben.

Lassen Sie mich abschließend noch kurz zu der Frage Stellung nehmen, was Politiker, was die Jugendorganisationen einer politischen Partei über das Beharren auf die Durchsetzung rechtsstaatlicher Mittel hinaus für das Zurückdrängen der Jugendsekten tun kann. Es handelt sich hier um Bereiche, die ich versucht habe als Hintergrund für das Vorhandensein und den Erfolg der Jugendsekten zu zeichnen. Darüber hinaus geht es darum, Kommunikation zwischen gesellschaftlichen Gruppen zu pflegen, wo diese schwierig ist, entsprechende Kommunikationsstrukturen aufzubauen mit dem Ziel, das, was Menschen betrifft, ihre Umwelt, ihre Zukunft, ihre Freiheit zum Gegenstand des Gesprächs zu machen, und zwar in der Weise, daß der Eigenwert und die Eigenverantwortung eines jeden Menschen zum Tragen kommt.

Friedrich-W. Haack,
Beauftragter für Sekten- und Weltanschauungsfragen der evangelisch-lutherischen Kirche in Bayern

Jugendreligionen — Ursachen und Hintergründe, Folgen und Nachfolgen

Anmerkungen zu einem Dauerproblem

Das Problem der Jugendreligionen tauchte Ende der 60er Jahre auf, verstärkte sich in der Folgezeit und hat die religiös-weltanschauliche Szene seitdem nicht mehr verlassen. Die Zahl der Menschen, die durch Jugendreligionen — und wie sich mit der Zeit herausstellte, den ihnen in den Folgen gleichzusetzenden Gurubewegungen und Psychokulten — in ihrer Befindlichkeit sich verändert sahen, ist nicht mehr zu überblicken. Diese Befindlichkeit wurde von den Betroffenen und den Sekundärbetroffenen (Angehörigen, Freunden, Untergebenen, Mitarbeitern) jeweils unterschiedlich beschrieben.
Die Betroffenen erzählten mit „strahlenden Augen und ohne Atemholen" (Bericht einer Mutter), wie ihnen die Begegnung mit der Gruppe „die entscheidende Veränderung im Leben" gebracht habe. „Zum Guten", wie sie meinen. Die Sekundärbetroffenen stimmten hinsichtlich der „entscheiden Veränderung" zu, nicht jedoch in bezug auf die Bewertung des Vorganges und seiner Folgen.
Was ist geschehen?
In die materiell bestgestellte aller Gesellschaften, und als solche müßten selbst extreme Sozialkritiker unsere derzeitige Gesellschaft im Vergleich zu denen anderer Breiten und Zeiten bewerten, brach unverhofft und nicht vermutet eine Welle von antiemanzipatorischen Ideologie- und Religionsgemeinschaften ein. Sie oktroyierte insbesondere den Teilnehmern dieser Gesellschaft, die sich aufgrund ihrer Alterssituation nicht am Aufbau hatten beteiligen können, daß diese Gesellschaft „Leer und sinnlos", die jeweilige Existenz „Unerfüllt und ohne jede Hoffnung" sei. Gleichzeitig verstand man es, auf die — notabene in jeder Zeit vorhandenen — Schwierigkeiten das „Scheinwerferlicht" zu richten, als wären diese die bestimmenden Größen der Gesellschaft.
„Macht kaputt, was euch kaputt macht" wurde auch zum (quasi?) religiö-

sen Kampfruf. „Wir bauen die bessere, fleckenlose und heile Welt“, „Wir haben das Patentrezept!“, „Draußen ist alles kalt, wir allein haben die Heilung“ usw. schallten die mangels eines zum Vergleich befähigenden Wissens leicht geglaubten Parolen.
Angesprochen fühlten sich vor allem die geistig, religiös und sozial motivierten und engagierten jungen Angehörigen des Mittelstandes. In vermutlich keinem Falle wurden ernsthaft egoistische Jungbürger ohne schlechtes soziales Gewissen erfolgreich angesprochen.
Das „sozial schlechte Gewissen“ scheint eine Schlüsselrolle in der Frage der Jugendreligionen und anderer psychomutatorischer (seelenverändernder) Bewegungen zu haben. Eine Tochter schrieb ihrem Vater (einem hohen Beamten): „Du mußt doch sehen, daß es Betrug an den Ärmsten und Ausgebeuteten ist, wenn wir uns vollfressen und im Urlaub nach Mexiko jetten, während tausende von Frauen aus dem Arbeiterstand nie ein Stück echter Sonne sehen“.
Was „echte Sonne“ ist, kann wohl hier nur aus ideologischen Quellen gespeist sein. Die junge Frau hat wohl auch nie wirklich erlebt, von was sie redet. Das macht ihre seelische Lage nicht minder brisant. Sie lebt nach dem, was sie glaubt. Und sie verhält sich dann danach.
Sie hatte ihre ganze Jugend in sozial bestgestellten Verhältnissen verbracht und erst anläßlich ihres Studiums in einer anderen Stadt gemerkt, daß man mit dem Geld auch bis zum Monatsende jonglieren muß. „Zustände, die schlecht sind, müssen nun einmal geändert werden“, war ihr Argument. Den Gegenvorhalt: Man könne negative Zustände auch erleiden und daran wachsen, hielt sie für „restriktiven shit“. In ihrer Jugend war sie Kindergottesdiensthelferin und hatte über das Leiden Christi in wärmsten Worten sprechen können. Später meinte sie „Ach, Jesus war auch so ein Schwanzeinzieher, bleib mir fern mit . . .“ (die Formulierung endete gossenhaft). Angela fiel von einem Tag auf den anderen auf die Werbung der Mun-Sekte herein. Sie lebte in einer Kommune, ließ sich von der Jugendreligion nach Japan und später in ein Land des vorderen Orients verschicken, wo sie eine Vision hatte, daß Jesus sie in ihrem Raum besuchte und sie — wie sie sagte — „glücklich gepriesen hat, weil ich Reverend Mun zu meinen Lebzeiten kennen lernen und ihm folgen durfte. Ja, glücklich ist meine ganze Familie darum“.
Hier muß ein Einschub gemacht werden. Sie kam später heraus und erklärte ihren damaligen Zustand mit dem Satz „Ich war ständig high, wie wenn ich Drogen genommen hätte, was ich aber nicht hatte“.
Es scheint ein besonderes Verhängnis der bestgestellten aller Jugendgesellschaften zu sein, daß sie ihre Lage nicht mehr als solche ver-

stehen. Sie sehen mit überscharfem Blick das Störende, das noch nicht 100%ige (und sie wissen und glauben nicht, daß es dies nie geben kann). Sie sind enorm verantwortlich und radikalisierbar, weil sie sich mit dem ständigen Blick aufs Unvollkommene seelisch selbst verwundet haben. („Daß es gut geht, ist ja doch selbstverständlich, damit kann man sich doch nicht beruhigen").

Und sie haben auch Anlässe, mit dieser Welt unzufrieden zu sein. Welche Welt wäre (außer der des neuen Jerusalem am Ende der Zeit) je vollkommen? Tatsächlich hat die Moderne bei aller materiellen Vervollkommnung seelische Leerräume gelassen. Es mag von klugen Leuten bemerkt werden, daß man dem Sinnverlust nicht alles anlasten könne. Wegdiskutieren läßt er sich auch in der FAZ nicht. Wir haben — um es einmal anders zu sagen — ein Sinn-Verstehens-Defizit.

Und in unserer Welt sind die Tagesfragen „Wie geht es Dir?", „Hast Du auch genug und fühlst Du Dich gut?", „Möchtest Du es heute so oder so?" nun einmal auf den jeweiligen Zustand ausgerichtet und nicht auf den Sinn. „Welchen Sinn hat deine Existenz überhaupt?" — eine geradezu unerlaubte und das Wohlbefinden störende Querulantenfrage — allerdings ist die Seele des Menschen manchmal auch so ein Querulant. Wir können für höhere Löhne und mehr Freizeit kämpfen, und das sind ja auch gute und verstehbare Sachen. Aber wer würde für „mehr Einsicht in den Sinn des Lebens" auf die Barrikaden gehen? Wohl kaum die Pastoren und Priester. Und die wären da enorm zuständig.

So treten nun andere an dieser Stelle auf und versuchen, ihr Süppchen an fremden Feuern zu kochen. Und sie schüren diese Feuer, was man leicht verstehen kann.

Sie haben alle das „Patentrezept". Mit diesem Slogan war übrigens eine angebliche Partei (die EAP) in den 1983er Bundestagswahlkampf gezogen. Aber der Führer dieser Partei ist nichts anderes als ein Weltrettungsmessias unter vielen. Er führt die „Partei der Rationalisten", der „Städtebauer" und er führt sie gegen die Dunkelmänner und Weltzerstörer, deren erste Geheimzirkel er wohl schon in den altägyptischen Pyramiden aufgestöbert haben könnte. So weit, so blödsinnig, aber auch erfolgreich. Junge Mittelstandskinder setzen sich für den Rational-Phantasten unter Aufgabe ihres Studiums und unter Aufopferung ihrer Familienbeziehungen und wohl auch ihrer Zukunft ein. Sie wollen sich in — wie das bei solchen Jugendreligionen, Gurubewegungen und Psychokulten üblich ist — Tarnorganisationen gegen Drogen, hier auch pro Atomstrom usw. usw. für die edlen Ziele des Supermannes und Gründers einsetzen, und sie werden agressiv und

fühlen sich persönlich verletzt, wenn man ihren Einsatz kritisiert.
Die „heiligen Meister", die Gurus, die Städtebaueranführer, Messiasse, Seelenführer und Götter haben auf dem Rücken und aus dem Schweiß ihrer Anbeter Handels- und Industrieimperien wachsen lassen. Sie haben regelrechte Gegengesellschaften aufgebaut und sind in die unterschiedlichsten Teilbereiche der Wirtschaftsgesellschaft eingedrungen. Therapeuten, die die ihnen ausgelieferten Patienten zu Guruanhängern umformen, sind ebensowenig eine Seltenheit wie Manager-Berater, die den ihnen ausgelieferten Firmen Sekten-Know-How einflößen. Zu Wachsamkeit ist aller Grund. Parteien, Standesorganisationen, Gewerkschaften, ja Armeen sind gegen derartige Unterwanderung und Zweckumwidmung letztlich nicht gefeit.
Plötzlich wurden junge Lehrer zu einem Thema für den Sektenfachmann, da sie ihre Berufs- zur Missionssituation umgestaltet hatten und im Bhagwanrot mit Mala „Zeugnisse" für ihren Oregon-Gott ablegen konnten, wo andere Lehrer in Zivil erst (z. B. im Religionsunterricht) mühsame Übersetzungsarbeit leisten mußten. Sozialarbeiter als Sektenwerker, Künstler als Guru-Werber, ja selbst eine Ministerialbeamtin als Ideologie-Zugpferd einer Jugendreligion sind in unserer Zeit keine Unglaublichkeiten mehr, sondern belegbar.
„Mein Sohn ist in der Bundeswehr für die xy-Jugendreligion geworben worden" und „Unsere Tochter kam gurugläubig aus dem Ferienlager der Stadt . . . wieder", — das sind (leider) fast Standard-Sätze.
Was soll daraus noch werden? Die Münchner Elterninitiative hat 1984 mit Hilfe der Stiftung Jugendmarke es einmal unternommen, alle Guru-Bewegungen, Jugendreligionen und Psychokulte plus alle ihre Tarn- und Zweigorganisationen computermäßig aufzulisten. Fast 100 DIN A 4-Seiten waren das Ausdruckergebnis. In unzähligen Neben-, Unter- und Tarnbewegungen, Vereinen und Organisationen, Institutionen und Firmen treten heute die „heiligen Meister" und ihre Werber an die Zeitgenossen heran. „Hilfe für die Nachhilfe" ist kein unverdächtiger Hinweis in den Annoncen-Seiten der Tagespresse. Es könnte eine Jugendreligion dahinterstecken (z. B. Scientology, TM oder sonst wer noch). Ein „Urlaub auf dem Lande mit Pferdepflege" entpuppt sich als Bhagwan-Tarnfalle und der „Nebenverdienst mit Zukunftsaussicht" führt in einen Guru-Fallstrick.
„Kirche sucht Mitarbeiter. Geringe Bezahlung — große Zukunftsaussichten" — dahinter können sich 60 Wochenstunden bei DM 100,00 Lohn und die Scientology-Organisation verstecken.
Wie die Menschen dann aussehen, die durch eine solche „Zukunftsaus-

sicht" gegangen sind, das steht auf einem anderen Blatt.
Ein Vater schreibt über seine Tochter, die jahrelang Mitglied in der Mun-Bewegung gewesen war und die eines Tages von der Sekte bei ihm wegen Nutzlosigkeit abgeliefert worden war:
„Uns hat die Center-Leiterin in Nürnberg plötzlich angerufen und gesagt, daß sie mit unserer Tochter nichts mehr anfangen können. Sie würde den ganzen Tag schlafen und nicht mehr arbeiten. Sie würden unsere Tochter vorbeibringen. Seit diesem Tag weiß ich nicht mehr aus noch ein. Unsere Angela (Name geändert) ist total zerstört. Das ist nicht mehr unsere Tochter. Wir mußten feststellen, daß unsere Tochter sich sogar fremden Männern gegen Geld anbietet. Das hatten wir eigentlich in der Mun-Sekte für ganz unmöglich gehalten. So kaputt hat sie die Sekte gemacht."
Zur negativen Bilanz muß der Vater auch noch einen Selbstmordversuch rechnen. Sicher, die Mun-Leute werden (wie sie das schon öfter getan haben) den Eltern die Schuld in die Schuhe zu schieben versuchen. Als vor Jahren ein junger Mun-Anhänger in der Mun-Bewegung Selbstmord verübt hatte, hatten die Funktionäre der Mun-Organisation dreist verlauten lassen, die Eltern hätten eben mit ihnen nicht „vertrauensvoll genug"! zusammengearbeitet. Zynischer geht es nicht.
Das neue Motto scheint zu sein:

> Solange die Anhänger gesund sind, werden sie nach den Spielregeln der jeweiligen Jugendreligion, Gurubewegung und politreligiösen Jugendsekte vermarktet und benützt. Wenn sie ausgebrannt sind, müssen Eltern und Staat die Reparatur bezahlen. Wer wieder gesund werden sollte, kann ja dann wieder „abgeholt" und erneut eingesetzt werden. Geht jemand dabei kaputt, schiebt die Organisation den Schwarzen Peter den Angehörigen oder den Kritikern und vor allem den Elterninitiativen zu.

David Berg, der unter dem Namen „Mose David" alias „Vater David" alias „MO" zu unrühmlicher Bekanntschaft kam, hat in einem seiner nicht für die Öffentlichkeit bestimmten Sendeschreiben mit dem Titel (Wen Zu" (DFO 334A v. 22. 4. 75) einmal deutlich gesagt, daß er in den Reihen der Bewegung nur Gesunde und Einsatzfähige brauche. Wer nicht mehr könne, müsse sofort raus. Da könnten sich die Eltern und Kirchen drum kümmern, die sowieso „voller geistig Kranker" seien. Und:
„DIE KINDER MÜSSEN VON DIESER IDEE ABKOMMEN, DASS WIR DIE DROGEN-REHABILITATIONSZENTREN SIND, von denen wir in unserer Literatur und unseren PR-Broschüren geredet haben, weil wir es nicht sind!".
So einfach ist das und so klar.

Aus der Arbeitskraft und dem „Eingebrachten“ sind inzwischen Riesenvermögen zusammengefischt worden. David Berg ließ und läßt noch seine „Huren für Jesus“ (Originalton des „Propheten“) auf den Strich gehen. Andere Bewegungen setzen sie in eigenen Betrieben ein, so z. B. die Mun-Bewegung u. a. in ihrem Fischerei-Imperium oder die Krishna-Leute lassen ihre Anhänger mit Indien-Waren oder mit Büchern und Schallplatten handeln, z.T. im Direkt- und Von-Mann-zu-Mann-Vertrieb.

Da kommen enorme Summen zusammen, bei minimalen Unkosten.

So gaben die zwei führenden Leute (selber Munies) einer mit nahezu 1,3 Millionen Schweizer Franken Reinvermögen und mit fast einer halben Million 1983er Reineinkommen (auch in Schweizer Franken) zu Buche stehenden Firma des Mun-Imperiums für sich ein Reinvermögen von 2.000,00, der andere 3.000,00 Franken und ein Reineinkommen von 13.200,00 und 18.600,00 Franken für diesen Zeitraum an. Ein Schweizer Finanzkaufmann, der nach der Üblichkeit solcher Einkommen bei solchen Firmenvermögen gefragt wurde, meinte trocken „Sehr lächerlich“. Ebenfalls aus Schweizer Finanzquellen wurde bekannt, daß eine andere der Jugendreligionen von ihrer Holding auf der Isle of Jersey aus, immer wieder mal eben schnell Beträge von Sfr. 12.000.000 als Termingeld anlegt, um so in die notleidenden Guru-Kassen ein paar Zinsprozente mehr zu bekommen.

Als Wirtschaftsfaktoren mit konkurrenzlos billigen Arbeitskräften können die Jugendreligionen und die ihnen ähnlichen Organisationen auch zum volkswirtschaftlichen Problem werden. Insbesondere dort, wo sie kleinere Betriebe im Konkurrenzkampf abwürgen. Bezeichnenderweise hat der — zufällig ebenfalls mit seiner Europazentrale in Zürich angesiedelte — „Meditationslehrer der UNO“ (Selbstbezeichnung ohne allzu tragfähigen Boden) die Geschäftsaktivitäten seines Guru-Konzerns als „Divine Enterprises“ (göttliche Geschäfte) ausgeschildert.

Sich selber hält der Guru für einen begnadeten Allround-Künstler. Er dichtet so schlecht wie er malt und musiziert, hält sich aber in allem für den Größten. „Ich bin über die geheimen Meere des Lebens gekreuzt; ich bin das Ziel geworden. Die Wahrheit ist enthüllt; ich bin der Weg, die Gott-Seele“.

Nu ja, nu nee, wers mag, soll sich's reinziehen. Peinlich wirkt, daß der Guru seine in großen Konzertsälen (bei freiem Eintritt) abgehaltenen Musizier-Versuche als wichtigen Beitrag für den Weltfrieden ausschildert.

All das könnte Privatspinnerei und -spielerei von Leuten sein, die sich eine

von keiner Selbstkritik behauchte Selbstvergötzungssucht leisten. Meist landet so jemand in ärztlicher Behandlung. Schlimm ist, daß diese Figur von einer erheblichen Zahl junger Menschen vergöttert wird, die für ihn ihre Gegenwart und ihre Zukunft aufs Spiel setzen. Sie arbeiten sich für den als Gott verherrlichten Mann auf und sie üben sich, vom „Meister" eifrig dazu angehalten, in der Aufgabe und Zerstörung ihres Ichs. Neben ihnen üben sich zigtausende im Dienste dutzender solcher Selfmade-Götter und Wunder-Gurus, Yoga- und Meditations-Zirkus-Manager. Das Spitzentrio dieses Krisengewinnler-Heeres dürften der sog. „Bhagwan" (Gott!) Shree Rajneesh in seinem oregon'schen Miniatur-Gottesstaat, der Mr. Maharishi Mahesh (alias Mehesh Prasad Warma) mit seinem Supermarkt der „Transzendentalen Meditation" und der indische Taschenspieler „Shiva Avatar" Satya Sai Baba sein, der „aus dem Nichts" die von seinen Anhängern fast als Universalmedizin ersehnte „Wundersache" holt, die sich bei einer Analyse denn doch als gänzlich irdisches Verbrennungsprodukt von Reisspelzen entpuppt.
Wenn derartige Figuren auf dem religiösen Markt erscheinen, wird immer wieder die beschwörende Rede laut: „Das ist doch keine Religion!" oder der Einwand lautet noch konkreter: „Etwas Zerstörerisches kann doch gar nicht von der Religion gedeckt werden". Wieso denn nicht? Es ist ein Dogma der nachaufklärerischen Gesellschaft und der aus ihr geborenen Verfassungen, daß Religion „im Grunde etwas Gutes" wolle, daß die Umstände nur manchmal ein bißchen für das gewollte Gute widrig seien. Unter diesem Gesichtspunkt hält sich der Staat dann auch zurecht zurück, ja sieht ganz davon ab, Religionsgemeinschaften und ihre Glaubensvorstellungen zu bewerten. Artikel vier des Grundgesetzes kann nur von daher verstanden werden, daß man mit einer „bösen Religion" oder einer zerstörerischen nicht rechnet. Nun werden die Gruppen, die bei uns eher wohlwollend (auch wenn die gemeinten Organisationen das bestreiten) als Jugendreligionen oder Psychokulte oder Gurubewegungen oder politreligiöse Jugendsekten bezeichnet werden, im englischsprachigen Raum ohne viel Federlesens als „destructive cults", also als zerstörerische Kulte klassifiziert. Und in den USA ist durch den 1. Verfassungszusatz die Religion noch besonders abgesichert, ist der Staat besonders angehalten, sich da rauszuhalten, wo es um Religion geht. Inzwischen ist aber die Diskussion bei einem ganz anderen Absatz angelangt. Ein anderer Verfassungszusatz verbietet besonders die Sklaverei. Was nun, wenn diese beiden Verfassungssätze einmal zusammenstoßen? Wenn zum Beispiel eine Religionsgemeinschaft eine — aus Glaubensgründen freiwillig von den Mitgliedern auferlegte — Form

der Sklaverei einführen würde. Dann müßte der Staat in die Belange dieser Gemeinschaft eingreifen, meinen die einen. Andere sagen, es gehöre auch zur Freiheit, die Freiheit aufzugeben. Das aber kann der gegen die Sklaverei gerichtete Verfassungsschutz nicht tolerieren.

Zum Thema „Moderne Sklaverei — wie Sekten schnelles Geld machen" hatte sich schon im November 1975 in der Zeitschrift „Der Kriminalist" der Berliner Kriminalbeamte Gerd Meyer ausgelassen. Und in vielen Fallbeschreibungen tritt immer wieder das für die Sklaverei ebenfalls wesentliche Element der Unmöglichkeit, Arbeit nach eigener Wahl oder auf selbstgewähltem Weg zu verrichten, entgegen, gepaart mit der Beobachtung, daß der Arbeiter nicht in den Genuß der Früchte der Arbeit kommt, sondern sein „Inhaber" (um es einmal zurückhaltend auszudrücken). Der arbeitende Guru-Jünger oder Munie oder Hubbard'sche Sea Org-Kontrakteur (der Vertrag läuft über eine Milliarde Jahre!) wird zwar die Freiwilligkeit seines Tuns auf Befragen immer wieder bestätigen. Er wird aber bei einer eventuellen, für seinen „Inhaber" ungünstigen Antwort sofort unter Strafe oder Druck seitens der Organisation gestellt.

Geht er bei seiner Arbeit kaputt, dann hat die Organisation vorgesorgt: Sie wirft ihn raus, damit ihn das von der Gesellschaft gespannte soziale Netz auffange. Und wenn es das nicht tut, ist das auch nicht Sache der Organisation.

Ein ehemaliger Bhagwan-Jünger schreibt in seinem Erlebnisbericht: „Eines Tages wird über meine Freundin Deepma gesprochen. Deepma ist Modedesignerin, sie arbeitet als Näherin von morgens bis abends in der Boutique. Sie klagt über häufige Rückenschmerzen und ist öfters krank. Puja, unsere Zentrumsleiterin, macht Deepma nach Strich und Faden schlecht und sagt uns, daß sie aus Oregon Anweisung hätte, sich von Kranken und Schwachen zu trennen — diese sollten sich einen Platz suchen, wo sie glücklicher sind."

Ein böser Hohn: wer krank ist, soll sich selber davonschleichen (an einen Platz, wo er „glücklicher ist") und die Sekte gefälligst nicht mit seiner verminderten Arbeitskraft oder gar noch Reparatur-Kosten belasten. In einer funktionierenden Sklavenhalter-Gesellschaft wurden die Sklaven hingegen bei Krankheit und Gebrechlichkeit versorgt. Über „Pensionen" hat der Scientology-Arbeitsvertrag nur einen Passus: „Die Kirche erstellt keine Pensionen". Doch so schwer das für manchen zu verstehen sein mag: dies alles ist auch Religion. Religion ist nicht von Hause aus gut. Im Schulunterricht kann man lernen, daß es Religio-

nen mit Menschenopfern gegeben hat. Heute scheinen diese Menschenopfer auch wieder zu existieren, nur an die Stelle des Schlachtens ist ein Vorgang getreten, den man eher mit „Aufbrauchen" bezeichnen könnte. Daß daneben durchaus auch der Selbstmord mit der Abzweckung, dem Gott der betreffenden Gruppe zu dienen, vorkommt, haben im Jahr 1978 an mehreren Plätzen der Welt junge Anhänger des sich als „Inkarnation Brahmas" verehren lassenden indischen Buchhalters P. R. Sakar (alias Shrii Shrii Anandamurtijii", was soviel heißt wie „Seine höchst verehrungswürdige Glückseligkeit in Person") gezeigt, die an öffentlichen Plätzen einen rituellen Selbstmord begingen, um auf das angebliche Unrecht hinzuweisen, das ihrem Gott widerfahren sei. Der „Gott" saß damals im Knast. Sein Hauptproblem in dem gleichen Zeitraum: Man wollte ihn vergiften (er lebt heute noch) und habe ihm im Gefängnis einen Goldring gestohlen.
An seinen Anhängern wird ein zweites Problem deutlich. Angehörige der Gruppe „Ananda Marga" (Weg der/zur Glückseligkeit) begehen immer wieder in erheblichem Umfange Straftaten. Anfang 1985 wurde ein Mitglied in Ravensburg wegen Rauschgifthandels verurteilt. 1984 mußten sich Post und Polizeibehörden mit einer größeren Zahl von Margis (so die Selbstbezeichnung) beschäftigen, die Postsparbücher fälschten, um auf diese Weise unrechtmäßig Geldbeträge hereinzubekommen. Andere Sakar-Anhänger waren in terroristische Anschläge verwickelt.
Versuchte Flugzeugentführung, Mord, Sprengstoffanschläge usw. wurden in diesem Zusammenhang genannt.
Wer sich über allen Spielregeln und Gesetzen der Welt sieht, für den gelten diese Spielregeln und Gesetze eben nicht mehr. Er schafft sich seine eigenen. Mun, Messias-Großmaul Numero eins, ergötzte in einer seiner Sonntagsreden seine Anhänger sogar mit dem verblüffenden Gag, daß nicht einmal Gott ihn richten könne, da er (Gott) ihm (Mun) ja so viel schulde. Und schon gar nicht könne das amerikanische Gesetz ihn richten. Da allerdings hatte er sich getäuscht. Er bekam eine Gefängnisstrafe wegen Steuer-Hinterziehung und mußte diese auch antreten. Nun erklären seine Anhänger, daß er ein Märtyrer sei.
Muns Kollege im Weltretteramt, der in der Schweiz übel wirkende Guru Omkarananda, teilt dieses Märtyrertum. Er sitzt im Gefängnis Lausanne. Als er die Schweiz betrat, deklamierte er:
„Die Welt kann mir nichts geben. Ich kann der Welt alles geben".
Als ihm „die Welt" nicht die Nachbargrundstücke in Winterthur geben mochte, bastelte seine Heiligkeit mit schwarzer Magie zusammen mit seinen Anhängern Bomben. Dann gab die Welt dem Guru

14 Jahre Gefängnis wegen allerlei höchst weltlicher Verfehlungen. Der Guru "hat die Strafe auf sich genommen", unschuldig, wie er und seine Anhänger es sehen. Beim monatlichen Wochenend-Ausgang vergöttern ihn seine Anhänger wie eh und je. Nur die Einnahmen des Zentrums des Göttlichen Lichts (Divine Light Zetrum) sind zurückgegangen. Und man hat die so geliebten Grundstücke einer reichen Jünger-Familie überschreiben müssen. Da sieht man doch, wie der Guru leidet.
Oder?
Normale Sterbliche wären nach einer rechtskräftigen Verurteilung „erledigt". Messias Mun und Guru Omkarananda und alle die sonst Rechtsfolgengeschädigten im neureligiösen Dickicht machen aus der Not eine Tugend. Sie sind Märtyrer, und ihre Anhänger danken ihnen das bittere Geld- oder Gefängnisstrafenleiden mit doppelter Hingabe, vermehrtem Einsatz und agressiver Mission.
Die freiheitlich orientierte und auf menschliche Selbstbestimmung ausgerichtete Gesellschaft der westlichen Welt wird sich noch einiges an Gedanken und Phantasie leisten müssen, wenn sie mit der komplexen Problematik der Jugendreligionen, Gurubewegungen, Psychokulte und politreligiösen Jugendsekten nur einigermaßen zurande kommen will.

Prof. Ursula Männle, MdB
Mitglied des Bundestagsausschusses für Jugend, Familie und Gesundheit, Landesvorsitzende der Frauen Union

Jugendsekten — Eine neue Form des Jugendprotestes?

Ich sehe in der Entwicklung eines Teils der Jugend zu neuen religiösen Bewegungen, den sog. Jugendsekten, auch eine Form des Jugendprotestes. So wie sich Jugendliche und junge Erwachsene in den letzten Jahren Bürgerinitiativen, der Ökologie- und Friedensbewegung angeschlossen haben, nach alternativen Lebensformen suchen, passiven Protest üben, so wie Jugendliche in Alkohol und Drogen flüchten, so wenden sich Jugendliche eben auch den sog. Jugendsekten zu, um aus Alltag und Wirklichkeit zu fliehen.

Der Bundestag hat sich in seiner Enquete-Kommission „Jugendprotest im demokratischen Staat" eingehend mit den Erscheinungsformen, den Gründen und Hintergründen neuer Protestbewegungen auseinandergesetzt. Die Ursachen des allgemeinen Protests, die wir in dieser Kommission herausgearbeitet und erkannt haben, machen auch das Phänomen des weiteren Wachsens von Jugendsekten erklärbar.

Lassen Sie mich stichwortartig einige herausgreifen. An erster Stelle steht meines Erachtens die Suche junger Menschen nach „neuen Werten" in der Gesellschaft. Diese Gesellschaft empfinden sie als unpersönlich. Ihre Institutionen werden von ihnen als undurchschaubar wahrgenommen, zweckbetonte Verhaltensweisen scheinbar prämiert. Darüber hinaus scheint sie von Zwängen bürokratisierter Lebensformen geprägt zu sein. Nicht von einem optimistischen Lebensgefühl werden diese Jugendlichen und Heranwachsenden getragen, sondern von Zukunftsangst und Ohnmachtsgefühlen beherrscht. In einer Gesellschaft, in der der Mensch weitgehend von der Arbeit geprägt und nach ökonomischer Leistungsfähigkeit definiert wird, in der die Kirchen vielerorts als verwaltete Großorganisation erlebt werden, fragen junge Menschen nach dem Sinn des Lebens. Dies gerade auch angesichts hoher Arbeitslosigkeit, negativer Ausbildungschancen und Berufsaussichten insbesondere für Jugendliche, zunehmender Zerstörung der natürlichen Umwelt, des Bewußtwerdens atomaren Schreckens, die Zerrüttung familiärer Bindungen, die zunehmende Einengung der persönlichen Entfaltungsspielräume durch die Überbetonung rationalen Denkens und Handelns in allen Lebensbereichen, durch Bürokratien und staatliche Kontrolle. Für viele Jugendliche, die in einer Umbruchsituation vor der Ablösung aus dem Elternhaus stehen, kommen in einer so erlebten Welt wichtige emotionale Bedürfnisse nach Zuwendung, Mitmenschlichkeit, Wärme und Geborgenheit zu kurz. Aus der subjektiv empfundenen seelischen Vereinsamung wächst der Hunger nach Liebe, die Sehnsucht des Jugendlichen nach unmittelbarem „Angenommensein“ und „Verstandenwerden“.

Dieses Vakuum nutzen die Jugendsekten. Trügerisch beantworten sie die „Sinnkrise“ gerade des jungen Menschen, der in der Zeit des Heranwachsens nach Orientierung, nach glaubwürdigen und bleibenden Werten sucht, mit einer relativ einfachen Lehre, bei der Glaube und Wissen in ungebrochener Harmonie zu stehen scheinen. Dort wird ihnen ein tiefes Gemeinschaftsgefühl vermittelt. Das Neue. manchmal auch Exotische, die häufig greifbare Nähe der selbsternannten gottähnlichen Autoritäten und ihre unmittelbare Erfahrbarkeit übt auf junge, labile und — wie unsere Untersuchungen und Beobachtungen zeigen — häufig auf sozial und ethisch positiv motivierte Kinder der Mittel- und Oberschicht Faszination aus. Der nordrhein-westfälische Sachstandsbericht zu den Jugendreligionen faßt zusammen: „Die Exklusivität, die erfahrbare Gemeinschaft zwischen Gleichgesinnten unter der Autorität der geistlichen Führer, die unmittelbare religiöse Erfahrung und Sinngebung machen für manche junge Menschen die Jugendreligionen anziehend.“

Dieses sind Gründe, die einen jungen Menschen zu einem Eintritt bewegen können. Sie dürfen aber nicht isoliert gesehen werden, sondern müssen vielmehr in vielseitiger Wechselbeziehung zueinander stehen.

Bei der weiteren Auseinandersetzung mit diesem Phänomen dürfen wir aber nicht die Frage außer acht lassen, welches die Motive für den Verbleib in einer Jugendsekte sind. Hier sind noch einige Fragen offen. Immanent wichtig ist, welches Gewicht der Angst vor Nachteilen, der Verfolgung durch die Gruppe oder der Erzeugung von Schuldgefühlen, kurzum der Anwendung psychischer und physischer Gewalt zukommt. Ich kann dies hier nur in den Raum stellen und anmerken, daß staatliche und kirchliche Institutionen nach meiner Ansicht manchmal zu blauäugig mit dieser Frage umgehen. Die CDU/CSU-Bundestagsfraktion hat die Absicht, mit einer Großen Anfrage an die Bundesregierung auch diese Zusammenhänge genauer überprüfen zu lassen.

Was können wir tun? Was kann die Politik tun, damit diese Jugendsekten nicht zur immer weiter wachsenden Gefahr für junge Menschen, für unsere

Familien, für die Gesellschaft, für den Staat werden? Die radikalste Lösung wäre, diese sog. Jugendreligionen zu verbieten. Eine Forderung, die verständlicherweise von Angehörigen und Freunden der Betroffenen erhoben wird und zweifellos die einfachste und vermeintlich bequemste wäre. Nur sie ist in meinen Augen auch die letztendlich, langfristig gesehen, wirkungsloseste und gefährlichste, weil sie nicht zur Auseinandersetzung mit den tieferen Ursachen dieses gesellschaftlichen Phänomens führt, weil sie den Weg versperrt zu einer Heilung dieser „Krankheit“ und Krise, an der die Gesellschaft nicht unbeteiligt ist. Die Gesellschaft, das heißt wir alle, müssen die Defizite ausfüllen, die dazu führen, daß junge Menschen sich diesen Bewegungen zuwenden. Notwendig ist also in erster Linie Aufklärungs- und Überzeugungsarbeit, bei der die Kraft des Wortes zusammen mit der **Tat** — und das erscheint mir das Wichtigste — wirkt. Wir brauchen glaubhafte, gelebte Vorbilder, die nicht vorgaukeln, daß in dieser Welt alles machbar ist und nur gewollt und beansprucht zu werden braucht. Daß diese Einstellung besteht, dazu haben auch Politiker ein gerütteltes Maß beigetragen.

Wir brauchen eine Erziehung in Schule und Elternhaus, die sich dazu bekennt, führen, lenken und leiten zu wollen und nicht in falschverstandener Liberalität und Toleranz alles zuläßt. Wir brauchen Familien, die sich nicht einschüchtern lassen von Redensarten, daß ihre Form des Zusammenlebens von „kleinbürgerlicher Spießermoral“ und „kapitalistischen Besitzdenkens“ in sog. „Beziehungskisten“ (= Liebe) geprägt ist. Und wir brauchen als letztes die Stärkung und wache Aufmerksamkeit staatlicher Instanzen, die die rechtlichen Möglichkeiten und Maßnahmen in Zusammenhang mit der Tätigkeit von Jugendreligionen auf allen Ebenen dann voll ausschöpfen, wenn von ihnen der verfassungsmäßig zustehende Schutz als Religions- und Weltanschauungsgemeinschaft mißbraucht wird.

P. Anselm Reichhold, OSB

Jugendsekten — Welche Antwort hat die Kirche?

I. Ursachen:

Wenn von „Jugendsekten" oder „Jugendreligionen" oder „neuen religiösen Gruppen" die Rede ist, handelt es sich in der Kirchengeschichte grundsätzlich um nichts Neues. Bereits Jesus und die Apostel mußten davor warnen. Was die heutigen Gruppen dieser Art von den früheren unterscheidet, sind der dabei oft angewandte Psychoterror und die bewußten Betrugsmanöver. Darum möchte ich lieber von „Destruktiven Gruppen" oder von „Pseudoreligiösen Gruppen" sprechen.

Die Ursachen werden bereits bei Jesus und den Aposteln in aller Deutlichkeit aufzeigt. So lesen wir in Matth. 7,16: „Hütet euch vor den falschen Propheten, sie kommen in Schafskleidern, innerlich aber sind sie reißende Wölfe". „Seht zu, daß euch niemand irreführt, denn viele kommen in meinem Namen und sagen: Ich bin der Messias." (Matth. 24,4), „Sie sagen: Ich bin es, die Zeit ist gekommen" (Lk 21,8).

a) „Die Zeit ist gekommen", gemeint ist die „Endzeit", der Weltuntergang, das Weltgericht. Verstärkt durch die Atombombe wird heute von vielen Medien künstlich eine Weltuntergangstimmung geschürt. Oft steht dahinter lediglich Geschäftemacherei. Viele Menschen, vor allem junge Menschen verlieren das Vertrauen in die Welt, in die Menschen und zu sich selbst. Das wissen auch diese falschen Propheten und machen ebenfalls ihre Geschäfte dabei.

b) „Ich bin der Messias", das heißt: Ich bin der Erlöser und Befreier. Jeder Mensch glaubt irgendwie an das Gute, und träumt von einer besseren Welt, von einem irdischen Paradies. Das haben auch die Nazis versprochen, und darauf baut auch die kommunistische Lehre auf. Die falschen Propheten bieten nun ein „Patentrezept" an. Mit viel Sing und Sang, mit Tanz und lachenden Gesichtern wird eine heile Welt vorgegaukelt, die der neue Prophet bringt. Die übrige Welt und Gesellschaft, die Menschen des Alltags werden verteufelt, als dekadent und korrupt hingestellt. Dabei geschieht das Unbegreifliche: Wegen weniger Mängel wird die Gesellschaft, auch wenn sie sonst intakt ist, verworfen. Die vielen Mängel, ja Verbrechen des angebeteten „Großen

Helden“ werden dagegen um des zukünftigen Paradieses oder um eines augenblicklichen Rauschzustandes hingenommen oder übersehen.

c) „Sie treten in meinem Namen auf“, „Sie kommen in Schafskleidern“, dadurch werden sie „viele irreführen“. Die falschen Propheten zitieren dauernd die Bibel. Viele junge Leute nehmen nicht zur Kenntnis, daß diese Propheten die Bibel-Worte aus dem Zusammenhang herausreißen, und ihnen so einen ganz anderen Sinn geben.

II. Maßnahmen der Kirche

a) Zunächst gilt: Wir alle sind die „Kirche“. Wir müssen also ehrlicherweise fragen:
„Was müssen wir tun?“
Das Wichtigste ist die Information.
Die Grundfrage der ganzen pseudoreligiösen Gruppen ist die Frage nach Erlösung. Wir selber müssen und dürfen Vertrauen haben in die Welt, in die Menschen, zu uns selber. Die Erlösung durch Christus ist ein langsamer Prozeß, er geschieht nicht blitzartig. Er zieht auch das Kreuz, das Leid, mit in Betracht.
Wir sollen und dürfen auch das Gute in der Welt und am Mitmenschen sehen. Kritik ist notwendig. Kritik bedeutet: Urteile nach einer umfassenden Kenntnis der Umstände. Kritiksucht dagegen, Nörgelei, wirkt als Brunnenvergiftung zersetzend und zerstörend.

b) Auf dem letzten Vatikanischen Konzil wurde auch ein Dokument verabschiedet über die Religionsfreiheit, die auch die Toleranz gegenüber andere religiöse Gruppen einschließt. Jesus Christus hat diese Toleranz in vorbildlicher Weise geübt gegenüber den Samaritern und sogar gegen die Heiden, z. B. gegen den Hauptmann von Kapharnaum. Aber ebenso „intolerant“ war er gegen die bewußten Betrüger. Die Worte: „Hütet euch vor den falschen Propheten, sie kommen in Schafskleidern, innen aber sind sie reißende Wölfe“ gehören zu den schärfsten Worten des ganzen Evangeliums. Als Papst Johannes Paul II. Deutschland besuchte, sprach er auf der Theresienwiese in München die Worte: „Laßt euch nicht irreführen von diesen ‚Jugendsekten‘, die euch die Freiheit des Denkens und des Gewissens rauben!“ Es wäre zu wünschen, wenn endlich die deutschen Bischöfe diesbezüglich einmal ein klares Wort sprechen würden.

c) Wer sich mit diesen pseudoreligiösen Gruppen befaßt, müßte stets ganz klar den fundamentalen Unterschied, ja den radikalen Gegensatz zum Christentum herausstellen.

Wenn man diese Gruppen wegen ihres Psychoterrors und wegen der bewußten Betrugsmanöver nicht einmal als „religiöse Gruppen“ bezeichnen kann, so noch viel weniger als „Christliche Gruppen“. Dazu möge ein kleiner Hinweis genügen. Der Glaube des Christen beruht auf dem Glauben an die Dreifaltigkeit, Vater, Sohn und Heiliger Geist. Alle Gebete, alle Sakramente, geschehen in diesem Namen. Bei Mun, dem Gründer der sogenannten Vereinigungskirche, treten aber an Stelle des Sohnes und des Heiligen Geistes, der „Herr der Wiederkunft“ (Mun selber) und seine Frau. Ähnlich könnte man bei den anderen Gruppen argumentieren. Bei allen ist ihr Gründer, bzw. ihr oberster Führer, nicht irgendwie nur ein Prophet Christi, nein: er tritt an die Stelle Christi.

Simon Wittmann, MdB,
Studienrat, Lehrer für Sozialkunde, Geschichte, Wirtschaft und Recht

Schule und Jugendsekten

Die Entstehung der Jugendsekten und ihre Faszination auf junge Menschen ist nur vor einem gesamtgesellschaftlichen Hintergrund zu verstehen. Wesentlicher Aspekt ist gerade das Verschwinden von verbindlichen Werten in der pluralistischen Gesellschaft. Dazu kommt eine steigende Zukunftsangst angesichts der Situation auf dem Arbeitsmarkt. Hierfür kann der Schule zumindestens vordergründig keine Verantwortung angelastet werden. Bei genauerer Betrachtung jedoch hat auch die Schule ihren Beitrag an der Verunsicherung junger Menschen geleistet. Jugendliche, die sich Jugendsekten zuwenden, tun dies in erster Linie, um Geborgenheit, Orientierung, Lebenssinn und eine Antwort auf die Frage der Zukunft zu suchen. Im Folgenden soll untersucht werden, in welcher Weise hier die Schule als Teil der gesellschaftlichen Gesamtsituation versagt hat:

1. Die „Vermassung" und die zunehmende Komplexität der Gesellschaft hat auch auf die Schule gewirkt. Immer größere Einheiten durch Schulzusammenlegungen und Gesamtschulen und das Anwachsen des Lehrstoffes führten in den letzten Jahrzehnten dazu, daß die Schulen zu immer weniger überschaubaren Wissensvermittlungsinstitutionen wurden. Vor allem durch neue Größenordnungen und durch das bis in die Grundschule hineinwirkende Fachlehrerprinzip ist die Schule unpersönlicher geworden. Damit ging auch ein Stück Geborgenheit verloren. Gerade diese Geborgenheit wird in den relativ kleinen Gemeinschaften der Jugendsekten vorgespielt und zieht labilere junge Menschen an.
   Deshalb müßte gerade in der Schule für einen größeren pädagogischen Freiraum der Lehrer gesorgt werden, der die persönliche Zuwendung zum Schüler wieder ermöglicht. Dies ist jedoch nur in relativ kleinen und überschaubaren Schulen möglich.

2. Das Zeitalter des Pluralismus hat dazu geführt, daß es auch in der Schule keine verbindlichen Werte mehr zu geben scheint. Der Mangel

an klaren Orientierungen führt zur Orientierungslosigkeit. Viele junge Menschen wollen jedoch eine feste Orientierung und suchen sie außerhalb der traditionellen gesellschaftlichen Gruppen. Die Lehrerschaft sollte daher verpflichtet werden, sich wenigstens innerhalb einer Schule auf ein klares Erziehungskonzept zu einigen, um dem Schüler mehr Orientierung zu geben.

3. Die Tatsache, daß heute alles in Frage gestellt wird, hat zur Folge, daß es kein anerkanntes Ideal mehr gibt, für das sich zu leben lohnt. Dieser gesellschaftliche Trend hat sich auch in der Schule ausgewirkt. Am deutlichsten wird dies im sozialkundlichen Bereich, wo die Kritik am bestehenden politischen System und die Hervorhebung der Rechte des einzelnen im Mittelpunkt steht, während oft die ebenso notwendigen Pflichten der Staatsbürger vernachlässigt werden.

Pfr. Dr. Gerhard Münderlein,
Evang. Jugend Bayern

Jugendsekten aus der Sicht kirchlicher Jugendarbeit

Das Thema, zu dem ich einige Worte zu sagen versuche, besteht aus zwei Teilen: Zu einem, aus welchen Gründen wenden sich junge Menschen derartigen Gruppierungen zu und auf der anderen Seite, was kann die kirchliche Jugendarbeit dagegen tun?
Erwarten Sie von mir keine abschließenden Antworten. Vielleicht darf ich ein wenig „ungeschützt" formulieren, damit die Fragen deutlich werden, die mich im Blick auf diese Bewegungen beschäftigen.

1. Die einzelnen Jugendreligionen ziehen sehr unterschiedliche Typen junger Menschen an. So habe ich den Eindruck, daß sich im Gefolge Muns eher brave und biedere junge Menschen befinden, die die „herrschenden Verhältnisse" bejahen, die unser Wirtschaftssystem tolerieren und das westliche politische System gegen den Marxismus zu verteidigen bereit sind. Sie haben kaum bewußte Autoritätsprobleme, wehren sich vielmehr gegen die Undeutigkeit einer pluralistischen Demokratie und suchen deshalb nach einer Position, die „das Gute" der westlichen Entwicklung auf die Spitze treibt und in einer Symbolfigur vereinigt. Dabei spielt zweifellos der „Internationalismus" der Mun-Bewegung eine Rolle, der wohl einen Traum der Jugend realisiert — und einen wesentlichen Bestandteil auch der Hoffnungen der Europäer nach dem 2. Weltkrieg ausmacht.

2. Ein ganz anderes Bild bieten die Anhänger des Bhagwan Shree Rajneesh, in dessen Gefolge sich manche Systemkritiker der 60er Jahre angesiedelt haben, die von einem ungehemmten Pathos der Freiheit und der politischen Moral beseelt gewesen sind, die sich nach ihrer Meinung in exotischen Führerfiguren des Marxismus personifiziert hatten. Man war damals angetreten, die Freiheit des Menschen zu erkämpfen, Autoritäten wurden erbittert abgelehnt und neue Autoritäten wurden an ihre Stelle gesetzt, die man verehrte und denen man sich willig unterwarf. Als man dann feststellte, daß der politische

Weg nicht genügt und konsequent den Weg nach „innen“ antrat, waren auch hier die alten Traditionen indiskutabel. Man wandte sich neuen Autoritäten zu, die man zu göttlichen Führern hochstilisierte, um sich ihnen bedingungslos zu unterwerfen.
Ich erinnere mich an eine Auseinandersetzung mit einer Dame mittleren Alters, die sich heftig darüber beklagte, daß die evang. Kirche so intolerant sei und Bhagwan ablehne, eine Haltung, die sich mit der Liberalität der evang. Kirche nicht vertrage. Sie forderte dort Liberalität, wo sich jemand zum göttlichen Führer macht und kritisierte gleichzeitig die viel zu enge Beziehung der evang. Kirche zum Führer einst!
Einer oberflächlich rationalen Beurteilung entziehen sich diese Phänomene. Wir müssen uns wohl damit abfinden, daß das religiöse Spektrum künftig breiter gefächert sein wird. Es werden wohl auch immer wieder solche totalitären Bewegungen entstehen, die junge Menschen in ihren Bann ziehen — und dann wohl auch immer wieder beschädigt zurücklassen. Vielleicht ist das ein Preis der Freiheit, die eben auch ihre Opfer fordert, jene Menschen, die mit der Freiheit nicht umgehen können?

3. Damit bin ich bereits beim zweiten Teil meines Themas: Was kann kirchliche Jugendarbeit tun? Wir hatten zunächst gemeint, man müsse aufklären, die Jugendlichen informieren und auf die „Machenschaften“ dieser Gruppierungen hinweisen. Dabei stellte sich jedoch rasch heraus, daß man sie dadurch gelegentlich erst interessant machte. Im Moment neigt die Jugendarbeit dazu, — wohl auch auf Grund einer gewissen Ratlosigkeit — diese Gruppen zu ignorieren. An diesem Verfahren dürfte richtig sein, daß sich die Jugendarbeit ihre Themen nicht von den Jugendsekten vorschreiben lassen kann. Außerdem wäre es gar nicht möglich, die vielfältigen Bedürfnisse, die von diesen Gruppen ausgesprochen werden, abzudecken.

4. An unsere eigene Arbeit habe ich drei Anfragen:
a) Unsere Jugendarbeit steht gelegentlich in der Gefahr, sich in gesellschaftspolitischen Fragestellungen zu verlieren, und die Frage nach Gott, die ihre ureigene Frage ist, zu übersehen. Es ist dann nicht verwunderlich, daß sich religiös interessierte Jugendliche ihre Antworten anderwärts holen. Damit ist nichts gegen das soziale Engagement gesagt, aber wo die Frage nach Gott nicht mehr gestellt wird, verliert dieses Engagement seinen Kern.

b) In unserer undurchschaubaren Welt werden alle möglichen Patentlösungen an Attraktivität gewinnen, weil man sich dadurch die Auseinandersetzung mit den schwierigen Sachverhalten ersparen kann. Junge Menschen — aber nicht nur sie — neigen zu einfachen, eindeutigen und moralischen Lösungen. Ich wünsche mir hier, daß unsere Jugendarbeit die Suche nach den Patentlösungen nicht verstärkt, sondern zur Auseinandersetzung mit den Sachverhalten ermuntert.

c) Ich habe manchmal den Eindruck, daß zur Jugend und dem Menschen überhaupt die Verehrung von Personen und Vorbildern gehört. Die Heiligenverehrung der katholischen Kirche entspricht diesem Bedürfnis. Kirchliche Jugendarbeit hat wohl gegenüber aller berechtigten Verehrung von Personen darauf hinzuweisen, daß die Beziehung zu Gott die Vergötzung von Menschen und Dingen ausschließt und somit jeder Form von Totalitarismus entgegensteht.

Josef Hollerith,
Bezirksvorsitzender der Jungen Union Oberbayern

Wir haben **kein** Patentrezept

Auf der heutigen Tagung haben wir feststellen können, daß die Ursachen des Problems der sogenannten Jugendsekten vielschichtig sind. Meiner Meinung nach müssen deshalb auch verschiedene Lösungen von uns angeboten werden. Einfache Antworten oder ein Patentrezept gibt es nicht. In erster Linie ist es erforderlich, daß wir bereit sind, das „Kind beim Namen zu nennen". Der Auseinandersetzung mit den Sekten — wir wissen ja, daß diese vor nichts zurückschrecken — müssen wir uns stellen, auch wenn dies gelegentlich mit Unannehmlichkeiten verbunden ist. Erste Schritte sind bereits durch verantwortungsbewußte Politiker und die Verwaltung im Bund, dem Freistaat Bayern und den Kommunen unternommen worden. In diesem Zusammenhang darf auch einmal gesagt werden, daß die Junge Union Bayern hier in vorderster Front steht. Es ist allerdings fraglich, ob tatsächlich alle politisch Verantwortlichen auch die Tragweite dieses Problems voll erkannt haben. Hier bedarf es sicher auch auf politischer Ebene noch eines verstärkten Problembewußtseins.

Politik kann nicht alles schaffen. Aber wir können jungen Menschen Hoffnung geben. Wir müssen ihnen zeigen, daß wir willens und in der Lage sind, ihnen Wege aufzuzeigen, eigene Probleme zu lösen. Wir dürfen nicht Ängste produzieren, sondern abbauen. Wir sind aufgerufen, Werte zu vermitteln, Orientierungen zu bieten und nicht — wie es teilweise heute üblich geworden ist — dem Pessimismus das Wort zu reden. Wir müssen Zukunfts-, Sinn- und Geborgenheitsverlust insbesondere bei jungen Menschen entgegentreten.

Was ist konkret zu tun? Zunächst gilt es, die von den Jugendsekten angebotene „Geborgenheit", „Sinnvermittlung" und „Heilslehre" als Schein zu entlarven. Die angebliche „Befreiung" durch die Jugendsekten ist tatsächlich eine Versklavung. Können wir dies einem breiten Kreis von jungen Menschen ins Bewußtsein rücken, können wir junge Menschen gegen die Verführer „immunisieren", sind wir einen großen Schritt weiter. Wir alle wissen, mit bloßen Verboten ist es nicht getan.

Wenn wir den Verführten ihren Glauben an die falschen Propheten nehmen, dann müssen wir ihnen aber auch neuen Halt und wieder eine Heimat geben.

Senator Wolfgang Burnhauser,
Vorsitzender des Münchner Anwaltvereins

Juristische Probleme der Zugehörigkeit zu einer religiösen Sekte

1. Kirche-Religion-Sekte in ihrer rechtlichen Stellung

Derartige Probleme anzugehen und Lösungen zu suchen, bedeutet zunächst einmal, die Frage zu klären: was sind rechtlich derartige Sekten? Behandelt man diese Frage unter verfassungsrechtlichen Gesichtspunkten, mißt also diese Sekten am Grundgesetz und der Bayerischen Verfassung als den obersten Normen unseres Rechtsstaates, so bieten sich uns vier Kategorien, denen theoretisch eine Zuordnung möglich ist:

1.1 **Christliche Kirchen,** deren historisch gewachsene Organisation in unserem Rechtsbereich öffentlich-rechtlicher Körperschaften sind und deren Tätigkeit in unserem Staat und die Zusammenarbeit mit unserem Staat durch Staatsverträge und Konkordate abgesichert sind;

1.2 **Religionsgesellschaften,** die sich entweder aus Kirchenabspaltungen oder aus der Niederlassung von Organisationen ausländischer Kirchen in unserem Bereich ergeben haben, wobei oberste Voraussetzung für das Vorliegen einer derartigen Religionsgesellschaft aber eine, wie auch immer geartete Gottesverehrung in Form kirchlicher Tätigkeit — mit geringen Ausnahmen fernöstlicher Weltanschauungslehren auch ohne direkten Gottesbezug — sind;

1.3 **Weltanschauliche Gemeinschaften oder Vereinigungen,** wobei es sich hierbei um Vereinigungen handelt, die sich - ohne daß hier eine quantitative oder überprüfende Würdigung zulässig wäre - mit Glaubensfragen befassen; hierbei ist Bekenntnis ebenso zulässig wie die Lossagung vom Bekenntnis, Kriterium ist einzig und allein die Frage, ob sich die Gemeinschaft in irgendeiner Form mit dem Bekennen auseinandersetzt;

1.4 **Nichtreligiöse und nichtweltanschauliche Personengruppierungen,** die von der Ausgestaltung der Organisationsform, ihrer Zielsetzung und der Art ihres Tätigwerdens nach außen den unserem Recht bekannten Formen gesellschaftlicher Vereinigungen zuzuordnen sind, wie etwa Parteien, Interessenvereinigungen, Verbände, ideelle Vereine, juristische Personen des öffentlichen und privaten Rechts, Personengesellschaften und anderes mehr, wobei sich bei der Einzelzuordnung gerade im ideellen Bereich, aber auch in der Ausübung der selbstgestellten Aufgaben vielfältige Überschneidungen ergeben können.

Mit Sicherheit kann bei den Sekten eine Zuordnung zu den etablierten Kirchen ausgeschlossen werden.
Schwieriger wird es schon, wenn man den Ausschluß von den Religionsgesellschaften vornehmen will. Es ist dies allein daraus zu ersehen, daß bei einer ersten Konfrontation mit derartigen Sekten jedenfalls Zweifel auftreten können, hier sofort pauschale Ver- oder Beurteilungen abzugeben. Instinktiv hat man zunächst den Wunsch, sich die einzelnen Jugendreligionen und Jugendsekten in jeder Hinsicht näher zu betrachten und zu durchleuchten, um hier eine persönliche Wertung vornehmen zu können. Müssen wir doch jedenfalls formell davon ausgehen, daß sich jedenfalls nach außen ein Teil dieser Gruppen an dem religiösen Modell etablierter Religionsgesellschaften orientiert oder zumindest Glaubensfragen und Bekenntnisausübung mit zu Programmpunkten ihrer Tätigkeit erheben.
In einem Rechtsstaat wie dem unseren besteht solange eine Bindung an gerichtliche Entscheidungen, bis entweder das Gericht oder ein übergeordnetes Gericht die Rechtsauffassung ändert, oder der Gesetzgeber die Rechtsgrundlage verändert.

Das höchste deutsche Gericht, das Bundesverfassungsgericht, hat in Entscheidungen, die zeitlich weit vor dem Problem der Jugendreligionen bzw. Jugendsekten lagen, zu wesentlichen Rechtsfragen und rechtlichen Definitionen Stellung bezogen. An diesen Entscheidungen kann auch bei der Lösung der vorliegenden Probleme nicht vorbeigegangen werden. Bei der rückblickenden Beurteilung wäre es nun ein Leichtes zu sagen, daß hier, aus welchen Gründen auch immer, das Bundesverfassungsgericht Grenzen verkannt habe und eine nachträgliche Korrektur in Form der Aufgabe dieser Rechtsprechung Abhilfe schaffen könne. Eine derartig leichte Lösung wird aber wohl weder der Problematik gerecht, noch würde sie dem Gedanken der Rechtssicherheit Rechnung tragen. Oberste Bundesgerichte ändern zwar gelegentlich in Einzelfragen ihre Rechtsprechung; doch meist nur in Fällen, in denen sich durch tatsächliche Veränderungen oder Änderungen von Bewertungen neue Anschauungen ergeben. Ein oberstes Verfassungsgericht kann einmal von ihm selbst getroffene Entscheidungen nur an historischen Erfahrungssätzen messen und nicht eine Korrektur nur zum Zwecke der Lösung von gerade vorliegenden gegenwärtigen Einzelfällen vornehmen. Würde das Gericht anders handeln, litte darunter die Rechtssicherheit.

Wenn man die Problematik der Zuordnung der Sekten zu den eingangs zitierten Gruppen näher in Angriff nimmt, ist es unumgänglich, sich mit den beiden Entscheidungen des Bundesverfassungsgerichts zu befassen; denn sie stellen den Ausgangspunkt zur Lösung aller Rechtsfragen im Zusammenhang mit den Sekten dar und ohne Kenntnis von ihnen ist eine Diskussion der Probleme nicht möglich.

Es handelt sich dabei um die Urteile des Bundesverfassungsgerichts vom 4. Oktober 1965 (BVerfGE 19, 129) und vom 16. Oktober 1968 (BVerfGE 24, 236), die uns unüberschreitbare Leitlinien für die gesamte rechtliche Beurteilung gegeben haben. Die ganzen Entscheidungsgründe dieser Urteile hier wiederzugeben, ist nicht erforderlich. Es genügen folgende Zitatstellen:
»Die Abschaffung des Staatskirchentums durch Art. 137, Abs. 1 WRV (Weimarer Verfassung) hat nur zur Folge, daß den Religionsgesellschaften diejenigen Vorrechte erhalten bleiben sollten, die mit dem öffentlichen rechtlichen Status verbunden waren. Wie es im Ermessen der betreffenden Religionsgesellschaften steht, die Organisationsform des rechtsfähigen oder nicht rechtsfähigen Vereins zu wählen . . .«

Fortsetzung des Zitats an anderer Stelle:

»Es ist sachgerecht, nur die Tätigkeit derjenigen Religionsgesellschaften, die Körperschaften des öffentlichen Rechts sind, als Ausübung öffentlicher Gewalt anzuerkennen; denn durch die Verleihung dieses Status kommt zum Ausdruck, daß es sich hier um Religionsgesellschaften handelt, die durch ihre Verfassung und die Zahl ihrer Mitglieder die Gewähr ihrer Dauer bieten, die also innerhalb des öffentlichen Lebens und demgemäß auch für die staatliche Rechtsordnung besondere Bedeutung besitzen.«

Mit dieser Entscheidung hat das Bundesverfassungsgericht die Grenzen in der Beurteilung der eingangs erwähnten Zurechnungsgruppierung aufgezeigt, dabei aber bereits Tatbestandsmerkmale gesetzt, die nicht außer Acht gelassen werden können. Es ist in diesem Zusammenhang der Hinweis darauf notwendig, daß Ausgangspunkt dieser Entscheidung ausschließlich Fragen der Besteuerung gewesen sind.

Die zweite angesprochene Entscheidung des Bundesverfassungsgerichts geht demgegenüber noch wesentlich weiter. Auszugsweise ist daraus folgendes Zitat wiederzugeben:
»Das Grundrecht der ungestörten Religionsausübung (Art. 4 Abs. 2 GG) ist an sich im Begriff der Glaubens- und Bekenntnisfreiheit (Art. 4 Abs. 1 GG) enthalten. Dieser Begriff umfaßt nämlich — gleichgültig, ob es sich um ein religiöses Bekenntnis oder religionsfremde oder religionsfreie Weltanschauungen handelt — nicht nur die innere Freiheit, zu glauben oder nicht zu glauben, d. h. einen Glauben zu bekennen, zu verschweigen, sich von dem bisherigen Glauben loszusagen und einem anderen Glauben zuzuwenden, sondern ebenso die Freiheit des kultischen Handelns, des Werbens, der Propaganda (BVerfGE 12, 1). Insofern ist die ungestörte Religionsausübung nur ein Bestandteil der dem Einzelnen, wie der religiösen oder weltanschaulichen Vereinigung, zustehenden Glaubens- und Bekenntnisfreiheit. Mindestens seit der Weimarer Verfassung geht die Freiheit der Religionsausübung inhaltlich in der Bekenntnisfreiheit auf. Die besondere Gewährleistung der gegen Eingriffe und Angriffe des Staates geschützten Ausübung in Art. 4 Abs. 2 GG erklärt sich historisch aus der Vorstellung eines besonderen exercitium religionis, insbesondere aber aus der Abwehrhaltung gegenüber den Störungen der Religionsausübung unter der nationalsozialistischen Gewaltherrschaft. Angesichts dieser Entwicklung hat Art. 4 Abs. 2 GG, vor allem den Sinn einer Klarstellung dahin, daß Träger des Grundrechts auch eine Gemeinschaft sein kann, deren religiöses Daseins- und Betätigungsrecht hinsichtlich der Form und des Inhalts, der Teilnahme und der Art der Ausübung — in der Familie, im Haus und in der Öffentlichkeit — geschützt ist, soweit sie sich im Rahmen gewisser übereinstimmender sittlicher Grundanschauungen der heutigen Kulturvölker hält«.

Aus diesem zuletzt zitierten Entscheidungsausschnitt des Bundesverfassungsgerichts ist zu ersehen, in welchem Dilemma sich Justiz und Verwaltung einerseits, Betroffene und ggf. deren gesetzliche Vertreter, sowie Helfer und Hilfsorganisationen andererseits befinden.

Das Bundesverfassungsgericht hat die eingangs unter 1.3 genannten „religiösen“ Vereinigungen und weltanschaulichen Gruppierungen begrifflich derart weitgehend definiert, daß mit den weitaus präziser gefaßten rechtlichen Bestimmungen für die sonstigen gesellschaftlichen Organisationsgruppierungen (Einordnungsstufe 1.4) nicht oder nur unzulänglich gearbeitet werden kann. Selbst wenn man berücksichtigt, daß für Religionsgesellschaften und weltanschauliche Vereinigungen von dem Grundsatz auszugehen ist, daß sie sich in der Ausübung ihrer Tätigkeit an den Grundsätzen des geltenden Rechts orientieren müssen, und ihre Angelegenheiten nur im Rahmen unserer Rechtsordnung regeln und ordnen können (Art. 140 GG in Verbindung mit Art. 137 Abs. 3 Satz 1 WRV, Art. 142 Abs. 2 GG und Art. 3 BV), so ist doch davon auszugehen, daß die übergeordnete, grundgesetzliche Regelung des Art. 4 GG bei einer Anwendung des geltenden Rechts berücksichtigt werden muß.

An dieser Stelle muß darauf verwiesen werden, daß durch die Themeneingrenzung auf die Probleme der Zugehörigkeit zu einer jugendreligiösen Sekte zwangsläufig Schwierigkeiten auftreten, weil nur eine umfassende rechtliche Behandlung der in Zusammenhang mit den jugendreligiösen Sekten auftretenden Fragen zu einer verständlichen und brauchbaren Darstellung führen kann.

Der Einwand gegen das beschränkte Thema ist auch deshalb zu bringen, weil die Problematik hinsichtlich der rechtlichen Möglichkeiten weniger von denjenigen aufgeworfen wird, die sich derartigen jugendreligiösen Sekten angeschlossen haben — abgesehen von denen, die sich gelöst haben und ihre gesellschaftlichen und wirtschaftlichen bzw. rechtlichen Nachteile zu korrigieren versuchen — als insbesondere von Eltern, sonstigen Familienmitgliedern und Freunden.

Besonders aus dieser Sicht wird die Problemstellung hinsichtlich einer Zugehörigkeit zu diesen Jugendsekten von einschneidender Bedeutung. Man könnte es sich nun leicht machen, im Anschluß und unter Bezugnahme auf die zitierten Verfassungsbestimmungen und dementsprechend auf die Bestimmungen des Strafgesetzbuches, des Bürgerlichen Gesetzbuches und andere Nebengesetze einen Katalog aufzustellen, in welchen Fällen die Betroffenen oder ihre Umgebung in der Lage sind, durch Anzeigen, Klagen oder sonstige Maßnahmen gegen die jugendreligiösen Sekten im Einzelfall positive Ergebnisse rechtlicher Art zu

erzielen. Ein solcher einfacher Erfahrungsbericht wird mit Sicherheit dem Thema nicht gerecht. Selbstverständlich wäre es wünschenswert, wenn in einer Informationssammlung durch statistische Erhebungen bei Staatsanwaltschaften und Gerichten auf Bundesebene hier insbesondere mit Zahlen versehenes Material gesammelt werden könnte. Es muß auch Aufgabe der Einzelrechtsberatung bleiben, den Betroffenen und ihrer Umgebung die jeweils gegebenen Möglichkeiten nahe zu bringen. Außerdem wird es Aufgabe der Medien sein, hier dafür zu sorgen, daß sich der Hilfsbedürftige in entsprechende Beratung und Hilfeleistung begibt, um eingetretene Nachteile auszugleichen und drohende Schäden zu verhüten.
In einer freien Gesellschaftsordnung, um deren Aufrechterhaltung wir uns bemühen, können wir nicht verlangen, daß von staatlicher Seite nun auch sofort in laufende Einzelfälle politisch eingegriffen wird. In einem ganz anderen Zusammenhang hat ein Professor der Rechte an einer bayerischen Universität sehr deutlich dargelegt, daß es das Recht des Staatsbürgers in einer freien Gesellschaftsordnung ist, sich selbst Schaden zuzufügen, soweit damit nicht die öffentliche Sicherheit oder Ordnung beeinträchtigt wird. Mit anderen Worten, es schützt unsere Rechtsordnung in eingeschränktem Maße Dummheit und Selbstbenachteiligung nur dann, wenn die körperliche Selbstgefährdung gleichzeitig Sicherheit oder Ordnung und in weiter eingeschränktem Maße wirtschaftliche Gefährdung der Allgemeinheit oder Dritter aus der Umgebung des Betroffenen in Frage stehen.

2. Überprüfung allgemeiner Rechtsgrundsätze

Man muß sich darüber im klaren sein, daß nach dem geltenden Recht und der Rechtsprechung die hier in Frage stehenden wesentlichen Sekten nur in der Kategorie der weltanschaulichen Vereinigungen zunächst einmal angesiedelt werden können. Verfassungsrechtliche und sonstige Rechtsgrundlagen geben uns keine Möglichkeit, diese Erscheinungsformen von Gruppierungen anders einzuordnen, wobei selbstverständlich eine gleichzeitige Zuordnung zu den Gruppen 1.3 und 1.4 erfolgen muß, je nachdem, aus welcher rechtlichen Perspektive man die Sekten betrachtet.

Wenn man dieser These zwangsläufig folgt, so ist davon auszugehen, daß sie sich berechtigt in Form von rechtsfähigen oder nicht-rechtsfähigen Vereinen etabliert haben.

2.1 Das geltende Vereinsrecht des BGB und die nahezu ergangenen Ausführungsbestimmungen geben nur eine geringfügige Eingriffsmöglichkeit. Soweit ein rechtsfähiger Verein gegründet wird, sieht das Gesetz nur bestimmte Mindestanforderungen für notwendig. Es gilt dies einmal für die formellen Voraussetzungen und Inhaltsnotwendigkeiten hinsichtlich der Satzung. Außerdem gilt dies hinsichtlich der Bestimmung und Meldung des Vertretungsorgans. Insbesondere das Bayerische Oberste Landgericht hat hierzu noch durch seine Rechtsprechung notwendige Einzelvoraussetzungen herausgearbeitet. Im Einzelnen darauf einzugehen, erübrigt sich, da diese Voraussetzungen für die Eintragung nahezu ausschließlich formellen Charakter haben und dementsprechend auch für diese Sekten ohne weiteres erfüllbar sind.
Die öffentlich-rechtlichen Überwachungsmöglichkeiten im Rahmen der Eintragung des Vereins in das Register des zuständigen Registergerichts ist geringfügig und orientiert sich allein an den Bestimmungen des BGB und den Kriterien des Verfassungsschutzes bzw. der öffentlichen Sicherheit und Ordnung. Je nach dem in der Satzung angegebenen Vereinszweck wird entweder das zuständige Amt für öffentliche Ordnung einer kreisfreien Stadt oder die Kreisverwaltungsbehörde in eigener Zuständigkeit prüfen, ob gegen die Organisation als solche oder deren Gründer Einwendungen bestehen, ggf. zusätzlich, meist unter politischen oder kriminalpräventiven Gesichtspunkten noch andere Stellen hören oder Erkundigungen einziehen.
Nicht-rechtsfähige Vereine, die praktisch jederzeit nach unserem Recht gründbar sind, leben in einem Freiraum ohne Kontrolle und ohne formale Voraussetzungen, solange ihnen nicht Verfassungsfeindlichkeit, Verstöße gegen die öffentliche Sicherheit oder Ordnung oder Sittenwidrigkeit nachgewiesen werden kann. Erst hiernach kann seitens der Verwaltung ein Verbot ausgesprochen werden (in diesem Zusammenhang ist beispielsweise an Nachfolgeorganisationen der verbotenen kommunistischen Partei, terroristische oder kriminelle Vereinigungen, Glücksspielclubs, Ringvereine usw. zu erinnern).

2.2 Wie schon erwähnt, ist die Erfüllung der Voraussetzungen für die Eintragung als rechtsfähiger Verein in das Vereinsregister des für den Sitz zuständigen Amtsgerichts unschwer. Eine den Mindestanforderungen des BGB entsprechende Satzung mit den notwendigen sieben Unterschriften der Gründungsmitglieder ist selbst von einem Anfangsjuristen unter Mithilfe des Registergerichts schnell gezimmert. Werden für den Vereinszweck einige nichtssagende, aber desto hochtrabendere Worte gefunden und sind die Gründer strafrechtlich noch nicht in Erscheinung getreten, so wird das zu hörende Amt für Öffentliche Ordnung gegen eine Eintragung kaum Einwendungen erheben. Steht zusätzlich in dieser Satzung, daß sich der Verein politisch neutral verhält bzw. keine politischen Ziele verfolgt, so werden sich auch keine anderen Sicherheitsorgane unseres Staates für diesen neugegründeten Verein interessieren. Auf diese Weise haben eine Vielzahl der jugendreligiösen Sekten bzw. ihrer hiesigen Organisationen ihre Eintragung in das Vereinsregister erlangt.

Ob derartige eingetragene Vereine hinsichtlich der Vorstandsrechte, der Mitgliederrechte usw. die gesetzlichen Bestimmungen des Vereinsrechts erfüllen, ist praktisch so lange nicht überwachbar, als nicht ein Mitglied Rechtsverletzung rügt und gerichtliche Schritte einleitet. Dies auszuschließen ist praktisch ohne weiteres durchzuführen, wenn sich die Mitgliedschaft in einem Verein auf den harten Kern beschränkt und die sonstigen Teilnehmer am Vereinsleben und an den Veranstaltungen von den eigentlichen Mitgliedschaftsrechten ausgeschlossen sind.
Hieraus ergibt sich die praktische Alleinherrschaft der großen Macher und ihrer Handlanger in den sog. jugendreligiösen Sekten.

2.3 Es ist folglich davon auszugehen, daß weder zivilrechtlich noch öffentlich-rechtlich gegen die Organisationen derartiger Sekten seitens der Justiz bzw. der Verwaltung vorgegangen werden kann. Dabei ist darauf zurückzugreifen, daß die verfassungsmäßige Eingruppierung unter die Gruppe weltanschaulicher Gemeinschaften und Vereinigungen, die im besonderen Maße verfassungsrechtlich eine Sonderstellung einnehmen und dies auch dann, wenn sie praktisch auf eine Gewinnerzielung zugunsten ihrer Organisation und in einer Vielzahl von Fällen auch ihrer obersten Repräsentanten abgestellt sind. Aber selbst wenn es gelänge, wegen des auf Gewinnerzielung gerichteten Zwecks eine Entziehung der Anerkennung als rechtsfähiger Verein und damit die Löschung aus dem Vereinsregister zu erreichen, wäre praktisch nichts gewonnen.

2.4 Schließt sich nun ein Leichtgläubiger in der Fußgängerzone oder ein bei einer Veranstaltung Angesprochener einer derartigen Organisation an, so wird er meist mit recht vorsichtig formulierten Beitrittserklärungen oder Teilnahmeerklärungen zu Veranstaltungen der Sekte zur Erstunterschrift geködert und gerät damit in eine lose Mitgliedschaft zu der jeweiligen Organisation. Meist verpflichtet er sich darin nicht einmal zu Beiträgen im Sinne eines laufenden Mitgliedbeitrages, sondern nur zur Mitarbeit oder Unterstützung, die sich in weiterer Mitgliederwerbung, in der Sammlung von Spenden und der Teilnahme an Veranstaltungen, zumindest zunächst, erschöpft. Alles dies ist selbstverständlich auf völlig freiwilliger Basis. Da es sich bei vielen Personen, den Interessierten, um labile Persönlichkeiten oder gesellschaftlich Angeschlagene handelt, geraten sie meist schnell in psychologische Abhängigkeit und erkennen oft meist zu spät, daß sie zwar einerseits in der Organisation der Sekte eine gewisse Unterstützung erhalten, die sich aus jeder Interessengemeinschaft ergibt, aber andererseits wirtschaftlich und auch im übrigen ausgenutzt werden.

Besonders stark tritt dies in Erscheinung, wenn gegen immer höher werdende Kurs- und Trainingsgebühren fortlaufend sog. psychologische Schulungen, transzendental-meditativer, autogener oder sonstiger Art verkauft werden und dazu Lehrmaterial an den Mann gebracht wird. Ferner gilt dies dann, wenn die Betroffenen unter psychischem Druck und unter Inaussichtstellung einer Aufstiegsmöglichkeit innerhalb der Sekte dazu veranlaßt werden, vorhandene Ersparnisse oder sonstige Vermögenswerte als Spende oder Beiträge in die Sekte einzubringen, um sich dort besonderes Wohlwollen zu erwerben. Darüber hinaus arbeiten viele derartige Sekten darauf hin, daß die Angeworbenen ihre bürgerliche Existenz oder bereits ihre Berufsausbildung aufgeben und ihre Arbeitskraft unter entsprechender psychologischer Vorbereitung der Vereinigung in einer Vielzahl von Formen praktisch ohne Entgelt außer der Gewährung des mindesten Lebensbedarfes und ohne sozialen Schutz im Sinne des Sozialrechts zur Verfügung stellen müssen (Straßenwerber, Sammler, Verkäufer von Kursen und Schriften, Trainingsleiter minderer Qualität, Gruppenleiter, Heimleiter, Mitglieder von Gesangsgruppen bis hin zu juristischen Mitarbeitern in spezifischen Organisationsteilen).

2.5 Es wurde im Rahmen vorausgehender Vorträge und Diskussionen bereits wiederholt angesprochen, daß diese Sekten ihre Anhänger durch eine Vielzahl von insbesondere psychischen Eingriffen vorbereiten und motivieren. Das sind insbesondere

2.5.1 Isolation von der bisherigen Umgebung,
2.5.2 Persönlichkeitsentfremdung unter Ausnützung gegebener Anlagen,
2.5.3 Beeinträchtigung durch Mangelernährung,
2.5.4 bis hin zum Psychoterror unter Ausnützung der Erfahrungen außereuropäischer Kultkreise.

Dazu tritt, daß eine Reihe dieser Sekten ausgetretene Mitglieder über längere Zeit praktisch verfolgt und mehr oder weniger offen Nachteile androhen. Dabei wird nicht davor zurückgeschreckt, daß in schriftlichen Austrittserklärungen oder Abfindungserklärungen (im Falle der Rückzahlung von Beiträgen oder Kursgebühren) ein Verzicht auf die Wohltaten und die quasi-religiösen Rechte des ehemaligen Mitgliedes verlangt werden. Eine Spitze bildet dabei mit Sicherheit die Sekte der Scientologen, bei denen die diesbezüglichen Formulare sich wechselnd oft über mehre Seiten erstrecken.
Insgesamt gesehen ist die psychische Beeinträchtigung sowohl während der Mitgliedschaft, als auch besonders beim Austritt aus einer derartigen Sekte von einer Art, daß sich die Frage einer körperlichen Beeinträchtigung unausweichlich stellt.

3. Verstöße gegen Einzelbestimmungen

Es wurde bereits eingangs darauf hingewiesen, daß nach der verfassungsrechtlichen Rechtsprechung sich die Ausübung der Tätigkeit von weltanschaulichen Vereinigungen an den Grundsätzen des geltenden Rechts orientieren müssen. Welche Möglichkeiten nun das geltende Recht aus der Sicht der Mitglieder oder Mitläufer derartiger Sekten bzw. der Familien und der Umgebung der Betroffenen eröffnet, sei nachstehend kurz zusammengefaßt.

3.1 Zivilrechtliches Handhaben

3.1.1 Der einfachste Fall liegt rechtlich dann vor, wenn ein Minderjähriger von einer Sekte erfaßt wird. Hier haben die Eltern oder sonstigen gesetzlichen Vertreter nicht nur das Aufenthaltsbestimmungsrecht im Sinne des § 1632 BGB, sondern auch die Möglichkeit im Rahmen der Personensorge den Umgang des Kindes mit Dritten zu bestimmen bzw. zu untersagen, was ggf. im Wege der einstweiligen Verfügung oder/und Unterlassungsklage gegenüber dem Dritten, d.h. der Sekte, durchgesetzt werden kann. Außerdem umfaßt das Recht der Sorge für die Person des Kindes auch das Recht, die Herausgabe des Kindes von jedem zu verlangen, der es den Eltern widerrechtlich vorenthält (§ 1632 BGB).

Diese sich rechtlich so leicht darstellende Lösung ist in der Praxis und in der Durchführung bei weitem nicht so einfach, wenn man daran denkt, daß man beispielsweise einen 17jährigen Sohn oder eine ebenso alte Tochter dann auch gegen ihren eigenen Willen in Vollstreckung einer erzielten Entscheidung aus einem Sektenquartier herausholen muß. Auch bei Maßnahmen gegen die Sekte im Wege der Vollstreckung zum Zwecke der Erzielung eines Unterlassens wird die Problematik im Innenverhältnis zwischen Eltern und Kindern erhebliche Ausmaße annehmen.

Abgesehen davon sind selbstverständlich rechtsgeschäftliche Erklärungen eines Minderjährigen ohne Einwilligung des gesetzlichen Vertreters unwirksam (§ 106 ff. BGB), so daß Beitrittserklärungen zu einer derartigen Gruppe oder sonstige Verpflichtungen unwirksam sind, wenn sie nicht unter den Taschengeldparagraphen fallen.
In diesem Fall können also Eltern oder sonstige gesetzliche Vertreter eingreifen und weiteren Kontakt und mögliche wirtschaftliche Schäden verhindern.
Aus persönlichen Erfahrungen heraus ist bekannt, daß die Sekten bei Minderjährigen direkten Kontakt auf Beanstandung vermeiden, aber durch wechselnde Personen die lose Verbindung aufrecht erhalten.

In diesem Zusammenhang ist das Gesetz über die religiöse Kindererziehung vom 15. Juli 1921 (RGBl. 939, 1263) nicht ohne Bedeutung. Die hier einschlägigen Bestimmungen lauten:

§ 1 RelKErzG
„Über die religiöse Erziehung eines Kindes bestimmt die freie Einigung der Eltern, soweit ihnen das Recht und Pflicht zusteht, für die Person des Kindes zu sorgen. Die Einigung ist jederzeit widerruflich und wird durch den Tod eines Ehegatten gelöst."

§ 5 RelKErzG
„Nach der Vollendung des 14. Lebenjahres steht dem Kinde die Entscheidung darüber zu, zu welchem religiösen Bekenntnis es sich halten will. Hat das Kind das 12. Lebensjahr vollendet, so kann es nicht gegen seinen Willen in einem anderen Bekenntnis als bisher erzogen werden."

§ 6 RelKErzG
„Die vorstehenden Bestimmungen finden auf die Erziehung der Kinder in einer nicht bekenntnismäßigen Weltanschauung entsprechend Anwendung."
Würde man sich auf eine rein wörtliche Interpretation dieses Gesetzes beschränken, so sind die vorstehend zitierten Elternrechte praktisch erheblich eingeschränkt. Es ist aber davon auszugehen, daß das Recht der Personensorge der Eltern, insbesondere im Rahmen der Interessenabwägung, übergeordnet ist und die Eingriffsmöglichkeiten, besonders hinsichtlich des Umgangs des Minderjährigen mit derartigen Sekten und ihren Angehörigen zu schweren körperlichen, ausbildungsmäßigen und sonstigen Nachteilen führen würde.

3.1.2 Zu einem ähnlichen Ergebnis ist durch Entmündigung bei psychisch Kranken und Suchtkranken zu gelangen. Auf diesem Wege kann ihnen die Geschäftsfähigkeit im Sinne des § 104 BGB entzogen werden und damit erhält der Vormund oder Pfleger die gleiche Situation und die gleichen Möglichkeiten wie die gesetzlichen Vertreter Minderjähriger.
Rein praktisch wird sich selbstverständlich die Frage stellen, ob insbesondere die Eltern den schweren persönlichen Eingriff eines Antrags auf Entmündigung stellen werden.

3.1.3 Soweit ein Betroffener selbst zu einer besseren Erkenntnis gekommen ist und beabsichtigt, seine gegenüber der Sekte abgegebenen rechtlichen Willenserklärungen zu beseitigen, ist zunächst auf die Möglichkeit der Anfechtung wegen Täuschung gemäß § 123 BGB zu verweisen.

Da die Praxis der meisten Sekten bei der Anwerbung von Mitgliedern auf eine Täuschung hinausläuft, weil religiöse Motive vorgespiegelt werden, hat eine derartige Anfechtung daraus Erfolgsaussicht. Mehrere dieser Sekten bezeichnen sich unzutreffenderweise als Kirchen, wozu sie nach der eingangs erfolgten Einstufung jedenfalls nicht berechtigt sind. Weitere Anfechtungsgründe können auch darin liegen, daß angebotene oder verkaufte Kurse psychogenen Trainings von dazu ausbildungsmäßig nicht befähigten Personen abgehalten werden. Auch im übrigen werden weitgehend die bei der Anwerbung von Interessenten erweckten Vorstellungen nicht erfüllt. Gute Anhaltspunkte dafür sind die Schriften dieser Sekten und ihr sonstiges gedrucktes Werbematerial.
Insgesamt gesehen ist natürlich die Anfechtung wegen Täuschung eine Beweisfrage, die eingehend geprüft werden muß, um Fehlschläge zu vermeiden.

3.1.4 Ein weiteres zivilrechtliches Problem ist in diesem Zusammenhang die Frage der allgemeinen Sittenwidrigkeit der von den Sekten erzielten Verpflichtungserklärungen rechtsgeschäftlicher Art bzw. der Leistungen, welche die Betroffenen als Beiträge, Kursgebühren, Spenden etc. bereits erbracht haben. Eine Sittenwidrigkeit nach § 138 BGB wird sich in einer Vielzahl von Fällen durchaus beweisen lassen und damit den Rückforderungsanspruch nach § 812 BGB aus ungerechtfertigter Bereicherung eröffnen.
In diesem Zusammenhang stellt sich selbstverständlich die Rechtsfrage, welche Vorstellungen und Erwartungen der Angeworbene in seiner Mitgliedschaft zu einer derartigen Sekte gesetzt hat. Dabei muß aber wohl für den überwiegenden Teil davon ausgegangen werden, daß sie in Verkennung der tatsächlichen Ziele der Organisationen gutgläubig und aus ihrer momentanen persönlichen Situation heraus einen tatsächlichen religiösen, seelsorgerischen Beistand erwartet haben. Es besteht daher keine Veranlassung davon abzugehen, § 138 BGB anzuwenden und die Sittenwidrigkeit darin zu sehen, daß Sekten bzw. weltanschauliche Vereinigungen mit kommerziellem, auf Gewinnstreben gerichtetem Hintergrund, eine Lücke in unserer Rechtsordnung

ausnützen, um ihre speziellen eigenen Ziele zu verfolgen.
Dabei kann nicht daran vorbeigegangen werden, daß andere Länder insoweit bereits erheblich weiter vorausgegangen sind und einen Teil dieser Jugendsekten bereits verboten haben bzw. ihre Repräsentanten strafrechtlich verfolgten.

3.1.5 In diesem Zusammenhang ist auch noch darauf hinzuweisen, daß beispielsweise die Sekte der Scientologen sich eine eigene Hausgerichtsbarkeit in Form sog. Courts zugelegt hat, in dem auch Volljuristen mitwirken. Diese Courts sind auch dazu vorgesehen, wirtschaftliche Streitigkeiten zwischen Mitgliedern dieser Sekte zu regeln. Aus einem speziellen Fall ist bekannt, wie dies abläuft und sich zum Nachteil des wirtschaftlich Betroffenen ausgewirkt hat, der bei rechtzeitiger Anrufung des ordentlichen Gerichts mit einem positiven Ergebnis hätte rechnen können. Durch seine Einlassung in diese Hausgerichtsbarkeit, die dann nicht einmal zu einer internen Entscheidung führte, ist ein erheblicher wirtschaftlicher Schaden entstanden.

3.1.6 Betroffene, aber auch ihre Umgebung und profilierte Streiter gegen das Unwesen der Jugendreligionen sind davor zu warnen, gegen einzelne Sekten oder deren Repräsentanten Vorwürfe und Behauptungen aufzustellen, die sich nicht absolut in jedem Einzelpunkt beweisen lassen. Diese Sekten verfügen über einen finanziellen Hintergrund, der es ihnen gestattet, Unterlassungs- und Widerrufsprozesse in unbeschränkter Zahl zu führen. Auch dies gehört zu ihrer rechtlichen Strategie; denn sie versuchen damit nicht nur ihre Gegner einzuschüchtern und mundtot zu machen, sondern insbesondere auch unliebsame Zeugen und Informationspersonen auszuschalten. Einige Prozesse sind zugunsten der klagenden Sekten ausgegangen, weil sich die erhobenen Vorwürfe und Behauptungen nicht eindeutig beweisen ließen, da insbesondere auch Zeugen aus dem Kreise früherer Mitglieder aus Gründen, auf die hier nicht eingegangen werden muß, vor klaren Aussagen zurückschreckten. Daß derartige Prozesse in der Werbung der Sekten entsprechend ausgeschaltet werden und zum Gegenstand von Einschüchterungsversuchen gemacht werden, ist belegt.

3.1.7 Die Frage der Haftung aktiver Sektenmitglieder im Rahmen der unerlaubten Handlung (§§ 823, 830 BGB) ist in diesem Zusammen-

hang zu erwähnen. Betroffene, die sich aktiv an der Werbung beteiligten oder gar in niedrigen Funktionen an Veranstaltungen aktiv beteiligten, können durchaus in die Lage geraten, auch persönlich für aufgetretene Schäden verantwortlich herangezogen zu werden.
Für derartig Betroffene besteht nicht nur die Gefahr eines eigenen Schadens durch die Sekte, sondern auch eines weitergehenden Schadens durch die Inanspruchnahme durch Dritte.

3.1.8 In den Bereich der zivilrechtlichen Problemstellung gehört auch die Frage des Unterhaltanspruches von Sektenmitgliedern gegenüber ihren Unterhaltsverpflichteten.
Diese Frage stellt sich bei verschiedenen Gruppen von Betroffenen, besonders bei Schülern und Studenten, aber auch sonstigen in der Berufsausbildung Begriffenen, die von der jeweiligen Sekte aus dieser Ausbildung herausgerissen werden. Es gilt aber auch für Personen, die ihre bisherige Arbeitstätigkeit aufgeben, um ihre Arbeitskraft der Sekte zur Verfügung zu stellen.
Zunächst einmal ist in diesem Zusammenhang davon auszugehen, daß die Unterhaltspflicht dann nicht mehr besteht, wenn die über 18jährigen Betroffenen nicht mehr in der Ausbildung stehen und daher objektiv gesehen in der Lage sind, sich selbst zu unterhalten. Ein Unterhaltsanspruch besteht daher auch bei Eintritt in eine Sekte unter Verzicht auf eine Berufsausbildung nicht, weil die Unterhaltsbedürftigkeit selbst herbeigeführt worden ist.
Wurde die Schul- oder Berufsausbildung durch einen Jugendlichen abgebrochen, so ist dies für sich allein noch keine Rechtsgrundlage für eine Verweigerung des Unterhaltanspruches. Dagegen steht den unterhaltsverpflichteten Eltern die Möglichkeit der Berufung auf § 1612 Abs. 2 BGB offen, wonach die Erfüllung der Unterhaltspflicht durch Naturalgewährung (Wohnung, Verpflegung, Kleidung etc.) erfolgen kann und demgegenüber kein Zahlungsanspruch besteht, wenn sich der Unterhaltsberechtigte ohne zureichenden Grund aus der Familiengemeinschaft gelöst und sich einer Sekte angeschlossen hat. In diesem Fall hat er keinen Zahlungsanspruch und ist daher ohne Unterhalt.

3.2 Strafrechtliche Handhaben

Das Strafrecht mit seinen Bestimmungen über die strafrechtlichen Tatbestände der Erpressung, der Nötigung, der Freiheitsberaubung, der Körperverletzung, des Betruges usw., aber auch eine Reihe von Ordnungswidrigkeitstatbeständen sind geeignet, Handlungen der Sekten bzw. ihrer Repräsentanten und Mitglieder im Wege der Strafanzeige durch Betroffene oder Dritte aus ihrer Umgebung zur Verfolgung zu bringen. Insoweit ist aber darauf hinzuweisen, daß eine Reihe von eingeleiteten Ermittlungsverfahren durch die Strafverfolgungsbehörden eingestellt worden sind, und zwar nicht nur deshalb, weil sich der angezeigte Sachverhalt nicht erweisen ließ, sondern teilweise auch aus Rechtsgründen, und insbesondere auch unter dem Gesichtspunkt der freien Betätigung weltanschaulicher Vereinigungen als Rechtfertigungsgrund im Rahmen des Art. 4 GG.

Im einzelnen ist dazu festzuhalten:

3.2.1 Soweit es sich bei den Betroffenen um Minderjährige oder sonstige Geschäftsunfähige handelt, ist der strafrechtliche Fall dann einfach gelagert, wenn der Betroffene auf Anforderung nicht aus der Gruppe und ihrem entsprechenden Heim oder Zentrum entlassen und der Familie zurückgegeben wird. Hier liegt eindeutig ein Fall der Freiheitsberaubung im Sinne des § 239 StGB vor, da der ggf. entgegenstehende Wille des Betroffenen selbst hinsichtlich der Aufenthaltsbestimmung unbeachtlich ist.

3.2.2 Wird eine Person unter 18 Jahren durch List, Drohung oder Gewalt ihren Eltern oder einem sonstigen gesetzlichen Vertreter entzogen, so liegt eine Kindesentziehung im Sinne des § 235 StGB vor.
Ein besonderer Tatbestand ist bei jugendlichen, unverehelichten Frauen unter 18 Jahren in § 236 StGB gegeben, und zwar dann, wenn diese ohne Einwilligung der Eltern oder ihrer gesetzlichen Vertreter durch die Sekte entführt werden, um sie zu außerehelichen sexuellen Handlungen innerhalb der Sekte oder zur Anwerbung neuer Sektenmitglieder zu veranlassen.

3.2.3 Große Schwierigkeiten bereiten den Strafverfolgungsbehörden die Überführung hinsichtlich des Tatbestandes der Körperverletzung gemäß § 223 StGB. Selbst wenn der objektive Tatbestand verwirklicht ist, was auch bei massiver psychischer Einwirkung, beispielsweise im Sinne der Hypnose, vorliegt, liegt die rechtliche Problematik hier in Frage der Einwilligung des Betroffenen, der sich in vielen Fällen derartigen Torturen freiwillig unterzogen hat, jedenfalls läßt sich in vielen Fällen das Gegenteil nur schwer beweisen. Eindeutig kann es nur werden, wenn die Einsichtsfähigkeit und damit die Willensbetätigung des Verletzten durch psychische Beeinflussung oder Unterernährung bereits so vorangeschritten ist, daß von einer Einwilligung nicht mehr ausgegangen werden kann.

3.2.4 Soweit sich derartige Sekten durch Leistungen der Betroffenen selbst finanzielle Vorteile in Form von Mitgliedsbeiträgen, Kursgebühren und Spenden verschafft haben, liegt eine Verfolgung wegen Betruges gemäß § 263 StGB nahe. Die rechtliche Schwierigkeit liegt hier im Rahmen des objektiven Tatbestandes auf der Ebene der Täuschungshandlung und der Irrtumserregung (Parallele zur Anfechtung wegen arglistiger Täuschung im zivilrechtlichen Bereich). Soweit der Betroffene über die nötige Erkenntnisfähigkeit verfügt hat, können hier jedenfalls gewisse Schwierigkeiten auftreten.
Demgegenüber ist entschieden der Meinung entgegenzutreten, daß hinsichtlich des subjektiven Tatbestandes Zweifel bestehen können, auch wenn es sich nur um örtliche Repräsentanten derartiger Sekten handelt.

3.2.5 Auch das Sexualstrafrecht bietet Verfolgungsmöglichkeiten, insbesondere in den Fällen, in denen durch Sekten weibliche Mitglieder zur Prostitution zum Zwecke der Mitgliederwerbung oder zur Erzielung finanzieller Vorteile für die Sekte aufgefordert werden und ihnen dazu inzidenter Schutz der Sekte zugesagt wird. In diesen Fällen ist der Tatbestand der Zuhälterei im Sinne des § 181 a StGB erfüllt. Der Gesichtspunkt der Ausbeutung zur Verfolgung der Ziele der Sekte ist in dem bekannten Schrifttum teilweise deutlich zum Ausdruck gebracht.
Daß teilweise das Schrifttum einzelner Sekten gleichzeitig den Tatbestand der Verbreitung pornografischer Schriften im Sinne des § 184 StGB erfüllt, ist nur am Rande zu erwähnen.

3.2.6 Eine gewisse Bedeutung im Rahmen der strafrechtlichen Würdigung der Tätigkeit einzelner Sekten wird der § 132 a StGB erlangen. Dieser Tatbestand schützt vor Mißbrauch von Titeln, Berufsbezeichnungen und Abzeichen. Abs. 3 dieser Bestimmung eröffnet auch die Verfolgungsmöglichkeit des Mißbrauchs von Amtsbezeichnungen, Titeln, Würden, Amtskleidung und Amtszeichen der Kirchen und anderer Religionsgesellschaften des öffentlichen Rechts. Aus dem Wortlaut dieser Bestimmung und dem sich daraus ableitenden Schutz der Kirchen und der Religionsgesellschaften des öffentlichen Rechts ergibt sich, daß darunter weltanschauliche Vereinigungen und Sekten, wie die Jugendreligionen, nicht fallen, sondern die Ersteren vor diesen ebenso geschützt sind wie vor Einzelpersonen.

3.2.7 Soweit der Betroffene während seiner Zugehörigkeit, aber insbesondere nach seinem Ausscheiden aus einer Sekte, zu Handlungen oder Unterlassungen durch Drohungen veranlaßt wird oder werden soll, bieten sich die strafrechtlichen Tatbestände der Nötigung (§ 240 StGB), der Bedrohung (§ 241 StGB) und der Erpressung (§ 253 StGB) an. Die Verfolgung trifft hier auf besondere Schwierigkeiten, weil nicht die Sekte als solche in Organform, d.h. durch ihre Repräsentanten in Erscheinung tritt, sondern anonyme Einzelpersonen aus dem Kreis der Organisation, wobei sich selbst bei Feststellung des Täters ein Nachweis der Weisungsgebundenheit, also Anstiftung oder mittelbare Täterschaft, nicht erbringen läßt.

3.2.8 Bei einer Reihe von Sekten werden durch einzelne aktive Mitglieder laufend Ordnungswidrigkeitstatbestände erfüllt. Es sind dies Bettelei, grober Unfug usw. Die Sekte selbst kann nicht erfaßt werden. Wird dagegen offiziell für eine Sekte gesammelt, so liegt in den meisten Fällen ein Verstoß gegen das Sammlungsgesetz vor, wobei auch hier die Frage des Art. 4 GG beachtet werden muß.

3.2.9 Ein besonderes Augenmerk sollte von seiten der Strafverfolgungsbehörden darauf gerichtet werden, daß einzelne Sekten ihre Mitglieder praktisch vollberuflich beschäftigen, also ein faktisches Arbeitsverhältnis gegeben ist, aber keine Sozialversicherungsbeiträge abgeführt werden. Insoweit liegt auch zum Nachteil der Betroffenen selbst ein Vergehen gegen die Reichsversicherungsordnung vor.

3.2.10 Im Rahmen der strafrechtlichen Beurteilung der Problematik der Zugehörigkeit zu einer jugendreligiösen Sekte darf selbstverständlich nicht übersehen werden, daß gerade die Betroffenen selbst bei einer aktiven Tätigkeit für die Gruppe sich strafrechtlich schuldig machen.

Es wurde bereits bei den einzelnen Tatbeständen darauf hingewiesen, daß die Werber neuer Mitglieder, die Verkäufer von sog. Kursen und sonstigen Dienstleistungen, sich gerade selbst strafrechtlich verantwortlich machen. Dies gilt selbstverständlich auch für diejenigen Personen, die Jugendliche in Zentren locken und sie dort festhalten. Es gilt dies aber auch schon für den Ordnungswidrigkeitstatbestand der Bettelei.

Eine erstattete Anzeige trifft somit häufig, zumindest gleichzeitig einen Betroffenen, also einen Hilfsbedürftigen. Familienangehörige, die Strafanzeige erstatten, können — ebenso wie sonstige Helfer — damit Ermittlungsverfahren auch gegen diejenigen auslösen, denen sie im Grunde helfen wollen.

3.3. Öffentlich-rechtliche Handhaben

3.3.1 Unter dem Gesichtspunkt präventiver Maßnahmen im Hinblick auf strafrechtliche Tatbestände kann die Strafverfolgungsbehörde und die Polizei als ihr Ausführungsorgan trotz des verfassungsrechtlichen Schutzraumes für weltanschauliche Vereinigungen vorgehen. Insbesondere kann die Polizei Straßenwerbung und Bettelei unterbinden. Das Polizeiaufgabengesetz gibt dazu die erforderlichen Rechtsgrundlagen.

Die Strafverfolgungsbehörden sollten hier die Scheu davor aufgeben, nicht nur in extremen Einzelfällen vorzugehen, sondern durch landesweite Beobachtungen und entsprechende Großmaßnahmen die weitere Ausdehnung dieser Gruppen und ihre Tätigkeit zu unterbinden.

3.3.2 Parallel dazu ist dringend erforderlich, daß auf der Ebene der inneren Verwaltung bei der Überprüfung von Gruppierungen, die sich der Rechtsform des eingetragenen Vereins bedienen wollen, strengere Maßstäbe angelegt werden. Dabei ist insbesondere auch

darauf zu achten, daß in die Überprüfung die Gewinnerzielungsabsicht der Organisation selbst oder ihrer Repräsentanten mit einbezogen wird. Soweit im Ausland bestehende weltanschauliche Gemeinschaften und ähnliche Gruppierungen ihre Tätigkeit auf das Bundesgebiet erstrecken und hier eine eigene Organisation aufbauen wollen und Einrichtungen schaffen, muß sich die Überprüfung auch auf Nachforschungen bzw. Auskunftersuchen bei den Behörden des Ursprungslandes und in anderen Ländern, in denen Organisationen bereits bestehen, erstrecken.
Insgesamt muß die Überwachung derartiger Gruppierungen und Organisationen und ihrer Tätigkeit, insbesondere auf dem Gebiet des Sammlungswesens, verstärkt werdem.
Soweit es sich um Einzelpersonen oder kleinere Gruppen handelt, die sich nicht der Rechtsform des Vereins bedienen, muß auf eine verstärkte gewerberechtliche Überwachung geachtet werden.
Gerade unter dem Gesichtspunkt der öffentlichen Sicherheit und Ordnung, die dem Schutz der Allgemeinheit, aber auch dem einzelnen Staatsbürger dient, sind derartige Maßnahmen durchaus gerechtfertigt. Das Beispiel einer Sekte in Übersee und ihre Massenmorde bzw. Massenselbstmorde bestätigen diese Forderung.

3.3.3 Es muß auch auf die Frage der Behandlung der führenden bzw. die Ziele der Sekte verbreitenden Mitglieder im Rahmen des § 11 Abs. 1,3 des Wehrpflichtgesetzes eingegangen werden.

Wie eingangs dargestellt, handelt es sich bei diesen Sekten nach der derzeitigen Definition zum Teil noch um weltanschauliche Vereinigungen im Sinne der Eingruppierungskategorie 1.3, aber nicht um Religionsgesellschaften nach 1.2. Die im Auftrag der Scientologen 1975 erstellten Gutachten der Professoren Dr. von Campenhausen und Dr. Obermeyer tragen diesem Gesichtspunkt nicht Rechnung. § 11 Abs. 1,3 WPflG kann allenfalls dahin interpretiert werden, daß „hauptamtlich tätige Geistliche anderer Bekenntnisse“ dahin auszulegen ist, daß es sich um Geistliche von Religionsgesellschaften, also solcher der Eingruppierungsgruppe 1.2 handeln muß, wenn im übrigen die sonstigen Voraussetzungen gegeben sind.

3.4 Sozialrechtliche Handhaben

Im Bereich der Sozialverwaltung ist mit allem Nachdruck darauf zu achten, daß seitens der Sekten die Bestimmungen der RVO und AVG, sowie die dazu ergangenen Ausführungsbestimmungen absolut eingehalten werden.
Auch die Betroffenen sind darauf hinzuweisen, daß die Zeit der Zugehörigkeit zu einer derartigen Sekte bei der bisherigen Handhabung im Hinblick auf die soziale Sicherung eine absolut verlorene Zeit ist. Soweit sich die Mitglieder aus dem Studium oder der Berufsausbildung entfernen, wird bei der künftigen Rentenberechnung der Zeitraum nicht als Ausbildungszeit angerechnet werden können. Löst sich der Betroffene aufgrund einer Mitgliedschaft zur Sekte aus seiner Berufstätigkeit und werden daher keine Sozialversicherungsbeiträge entrichtet, so liegt eine beitragsfreie Zeit und damit ein Verlust für die Altersversicherung vor, da es sich auch nicht um eine Zeit der Arbeitslosigkeit im Sinne des Sozialrechts handelt. Ist das Sektenmitglied nicht sozialversichert, so fehlt für ihn auch die gesetzliche Krankenversicherung. Dies hat zumindest eine Sekte bereits erkannt und versichert ihre Mitglieder im Rahmen eines Gruppenversicherungsvertrages privat.
Besonderes Augenmerk wird seitens der Sozialbehörden auch darauf zu richten sein, daß künftig möglicherweise eingehende Befreiungsanträge von führenden Sektenmitgliedern streng nach den aufgezeigten rechtlichen Grundsätzen behandelt werden und diese nicht wie Geistliche der Kirchen und der Religionsgesellschaften von der Sozialversicherungspflicht freigestellt werden.

3.5 Steuerrechtliche Handhaben

Die Finanzbehörden, insbesondere die Finanzämter für Körperschaften müssen dazu angehalten werden, daß derartige Sekten, die, aus welchen Gründen auch immer, den Zweck verfolgen, aus den Leistungen und der Tätigkeit ihrer Mitglieder Gewinne zu erzielen, keinesfalls steuerliche Vorteile haben dürfen. Dies gilt insbesondere hinsichtlich der Zuerkennung der Gemeinnützigkeit entsprechend der früher geltenden Gemeinnützigkeitsverordnung bzw. nunmehr nach der Abgabenordnung.

3.6 Weitere juristische Handhaben

Hier ist darauf hinzuweisen, daß diese Sekten und ihre Rand- bzw. Nachfolgeerscheinungen auch wettbewerbsrechtlich erfaßbar sind. Dies gilt insbesondere hinsichtlich der Straßenwerbung.
Eine in Stuttgart ansässige Schutzorganisation hat beim Landgericht Stuttgart und beim Oberlandesgericht Stuttgart bereits in einer Mehrzahl von Fällen obsiegende Urteile in Unterlassungsprozessen erzielt.
Ein besonderes Augenmerk wird auch darauf zu richten sein, den Sekten und ihren Untergruppierungen bzw. den entsprechend auftretenden Nachahmern hinsichtlich der unzulässigen Ausübung des Heilberufes nachzugehen. Ein Teil der Sekten stellt ihre Werbung geradezu darauf ab, Suchtkranke durch Meditationsformen und andere psychische Behandlungsformen von ihrer Krankheit zu befreien. Die in der Tat angewendeten Methoden bewegen sich nicht nur auf psychologischem Gebiet, sondern reichen hin bis zur Parapsychiatrie.

4. Notwendige rechtspolitische Maßnahmen

Die mit den bestehenden jugendreligiösen Sekten und ihren Nachfolgeerscheinungen auftretenden rechtlichen Probleme sind erfolgreich nur zu lösen, wenn einerseits die vorhandenen rechtlichen Möglichkeiten koordiniert auf Bundesebene ausgeschöpft werden, andererseits die Exekutive durch Verordnungen und Verwaltungsanweisungen die Etablierung und Ausdehnung dieser Erscheinungen unterbindet, zumindest überwacht und im übrigen die Gesetzgeber dafür Sorge tragen, daß tatsächlich noch vorhandene rechtliche Freiräume auf dem Gebiete weltanschaulicher Vereinigungen und ihrer Organisationsformen, sowie ihrer Betätigung ausgefüllt werden. Dabei ist es mit Sicherheit nicht ausreichend, daß sich die politische Initiative auf die Aufklärung und die Schaffung von Hilfs- und Rehabilitationseinrichtungen beschränkt. Es ist auch nicht angängig, daß die Verantwortung und Initiative zu Gegenmaßnahmen ausschließlich den etablierten Kirchen überlassen oder gar zugeschoben wird.

Die wesentlichen Punkte im Maßnahmenkatalog sind zunächst:

4.1 Schaffung zentralverantwortlicher Stellen für die Behandlung und Bearbeitung von Sektenfragen (wozu auch die sog. Psychosekten zählen) bei den zuständigen Ministerien des Bundes und der Länder, notwendigenfalls in Form überministerieller Arbeitsgruppen.

4.2 Verwertung der bereits vorliegenden umfangreichen Informationen und Ausbau der Informationserfassung, damit Verwaltungsbehörden, Strafverfolgungsbehörden und die befaßten politischen Gremien sich des Materials bedienen können.

4.3 Vorbereitung gesetzlicher Maßnahmen seitens des Bundes und der Länder, je nach Maßgabe der Gesetzgebungskompetenz auf den Gebieten des Strafrechts im Abschnitt betreffend Straftaten gegen öffentliche Ordnung und im Rahmen der Anwendung von psychologischen und parapsychischen Methoden durch Nichtärzte bzw. nicht besonders dazu zugelassenen Personen.

4.4 Vorbereitung einer gesetzlichen Regelung von Art, Umfang und Ausgestaltung der Organisation und Betätigung von Religionsgesellschaften und weltanschaulichen Vereinigungen in der Bundesrepublik Deutschland und insbesondere im Freistaat Bayern, wobei es Aufgabe dieser gesetzlichen Regelung sein wird, Legaldefinitionen einerseits der Bekenntnisfreiheit gemäß Art. 4 GG und Art. 2 BV zu geben und andererseits das aus der Bekenntnisfreiheit abzuleitende Recht auf Betätigung von Religionsgesellschaften und weltanschaulichen Vereinigungen zu erfassen und Organisationen und Gruppierungen entsprechend auszuschließen, die den Mindestanforderungen nicht genügen oder Ziele verfolgen, die den rechtlichen und sittlichen Auffassungen unseres Kulturkreises nicht entsprechen. Dabei wäre es zugleich eine dankenswerte Aufgabe, auch die Organisation und Betätigung etablierter nicht-christlicher Religionen hinsichtlich ihrer in der Bundesrepublik Deutschland ansässigen Mitglieder einer klaren und eindeutigen Lösung zuzuführen.

Wolfgang Götzer, MdB,
Mitglied des Bundestagsausschusses für Jugend, Familie und Gesundheit

Jugendsekten — Die Antwort der Politik auf eine Herausforderung

„Der Mensch sei dem Menschen heilig!“ Mit diesem Ausspruch dokumentierte in der Antike Seneca die Bedeutung der Menschenwürde als das zentrale Rechtsgut. Allerdings waren noch über 2000 Jahre Unheil, Krieg und Tod notwendig, bis dieses natürlichste aller Menschenrechte oberster Verfassungswert wurde und z. B. die Vereinten Nationen die Charta vom 26. Juni 1945 erließen. Ich zitiere: „. . . um den Glauben an grundlegende Menschenrechte, an Menschenwürde und Persönlichkeitsrecht zu bestärken . . .“.

Inzwischen ist die Achtung der Menschenwürde in allen Demokratien Verfassungsrealität geworden. Das Grundgesetz hat sie als eine der ersten Verfassungen der Welt zum Rechtsgut erhoben.

Realität ist aber auch, daß wir uns seit nunmehr über 15 Jahren in der Bundesrepublik Deutschland mit Organisationen konfrontiert sehen, die diese Menschenwürde mit Füßen treten. Jugendreligionen haben sich zu einer ernsten Herausforderung für Gesellschaft, Staat und Kirche entwickelt.

Wir haben erfahren müssen, daß die Jugendsekten nicht nur eine vorübergehende Zeiterscheinung sind und junge Menschen, die sich diesen Gruppen zugewandt haben, nicht nach Abenteuern, sondern nach Sinnerfüllung, Zukunft und Geborgenheit suchen. Und darum sind die Anhänger von neuen Jugendreligionen alles andere als Aussteiger und Phantasten.

Will man gegen diese Gruppen aktiv werden, scheint sich immer wieder eine unüberwindbare Barriere aufzutun — die Religionsfreiheit. Von den Jugendreligionen immer als Deckmantel für „Menschenfängerei übelster

Art“ benutzt, schien sie für die Behörden oft Schutzschild zu sein, mit der vermeintliche Ohnmacht kaschiert werden sollte.

Doch ist das Recht auf freie Religionsausübung wirklich schrankenlos? Legt es uns eine Kette an, so daß wir Ausbeutung und psychische Zerstörung, unendliches Leid besorgter Eltern und die Zerstörung der Familie tatenlos hinnehmen müssen?

Freiheit ist niemals unbegrenzt, sie endet dort, wo die Rechte eines anderen verletzt werden können oder gegen geltende Gesetze verstoßen wird. Dies gilt auch für die Religionsfreiheit. Wir müssen deshalb der derzeit vorherrschenden Tendenz entgegentreten, den Problembereich Jugendsekten nur mit einfachen rechtlichen Mitteln lösen zu wollen, ohne uns jedoch auch intensiv mit verfassungsrechtlichen Fragen auseinanderzusetzen. Inhalt und Grenzen dieses Rechts müssen meiner Meinung nach genauer — unter Umständen sogar neu — definiert werden. Die Rechtssprechung des Bundesverfassungsgerichts hat sich bisher mit dieser Frage unter dem Aspekt der neuen Jugendreligionen noch nicht auseinanderzusetzen gehabt. Auch ist die Verfassungsrechtssprechung in bezug auf die Grenzen des Rechts aus Art. 4 Grundgesetz alles andere als kontinuierlich.

Religionsfreiheit steht nach der herrschenden Meinung religiösen und weltanschaulichen Vereinigungen zu, auch wenn sie sich nur partiell die Pflege des religiösen oder weltanschaulichen Lebens ihrer Mitglieder zum Ziel gesetzt haben. Jugendsekten können sich also grundsätzlich auf das Grundrecht des Art. 4 Abs. 1 und 2 GG berufen. Friedrich Wilhelm Haack weist allerdings deutlich darauf hin, daß nicht alles, was unter den Begriff „Religion“ fällt, etwas Positives sein muß. So wird man den Menschenopfern, die von den Inkas praktiziert wurden, sicherlich nicht ihren religiösen Charakter absprechen. Daß damit jedoch der Religionsbegriff, wie wir ihn heute verstehen, nicht gemeint sein kann, steht außer Frage.

Nach einem Urteil des Bundesverfassungsgerichts ist eine Glaubensbetätigung nämlich nur dann geschützt, wenn sie sich — ich zitiere — „bei heutigen Kulturvölkern auf dem Boden gewisser übereinstimmender sittlicher Grundanschauungen im Laufe der geschichtlichen Entwicklung herausgebildet hat“. Dies zeigt, daß extremen religiösen Kultformen — Witwenverbrennung, Menschenopfer, Tempelprostitution u. a. — auch durch die Verfassungsrechtsprechung Grenzen gesetzt sind. Es ist irrig anzunehmen, daß die Väter unseres Grundgesetzes jede nur denkbare Form der Religionsausübung schützen wollten.

In derartig extremen Fällen ist es auch aufgrund unseres natürlichen Rechtsbewußtseins leicht, eine Trennungslinie zu ziehen. Wie verhält es sich aber mit den gängigen Praktiken, die den Jugendreligionen angelastet werden? Der Artikel 4 GG verfügt zwar über keinerlei Gesetzesvorbehalt oder eine sonstige in der Verfassung festgelegte Einschränkung. Allerdings schränken Grundrechte Dritter und Rechtswerte, die mit Verfassungsrang ausgestattet sind, auch uneingeschränkte Grundrechte in einzelnen Bereichen ein. Dies hat seine Begründung in der Bedeutung der Einheit der Verfassung und dem Schutz der gesamten Wertordnung.

Wie weit gehen nun diese Freiheiten des Art. GG?

Sicherlich nicht vom Grundgesetz geschützt ist das „flirty fishing" der Kinder Gottes. Wenn Mitglieder dazu angehalten werden, Prostitution zu betreiben, um Geld zu beschaffen oder neue Anhänger zu werben, so ist dies ein Vorgang, der in keinem Kulturkreis als Form der Religionsausübung praktiziert wurde oder wird. Auch die sogenannte „freie Liebe", die von der Aktionsanalytischen Organisation Otto Mühls propagiert wird, ist von der Freiheit des kultischen Handelns nicht gedeckt.

Insbesondere ist jede Form der physischen und psychischen Beeinflussung, die die private Selbstbestimmung des einzelnen vermindern oder gänzlich zerstören will, unzulässig. Dies gilt meiner Meinung nach auch für die von den Sekten praktizierte Form der Meditation. Diese gehört zwar grundsätzlich zu den von Art. 4 geschützten Freiheiten, da sie eine durchaus übliche Form der glaubensmäßigen Verinnerlichung ist. Wird sie aber dazu mißbraucht, um Menschen hörig und gefügig zu machen, hat dies mit freier Religionsausübung nichts mehr gemein. Auch bei allen weiteren Techniken, die eine vorsätzliche Beeinflussung zum Ziel haben wie z. B. eiweißarme Ernährung bei der Hare Krishna-Sekte, Schlafentzug, Entzug der Intimsphäre und des persönlichen Freiraums, endet der Schutz des Art. 4 Abs. 1 und 2 GG.

Immer wieder wird auch in diesem Zusammenhang auf die Praktik insbesondere der christlichen Kirchen hingewiesen. Sicherlich gibt es z. B. bei den katholischen Orden Fastenzeiten, gibt es eine Art Schlafentzug bei der ewigen Anbetung. Natürlich wird der persönliche Freiraum eingeschränkt durch gemeinsames Arbeiten, Essen und Gebet. Aber diesen Formen der Glaubensausübung ist der einzelne Ordensangehörige doch nicht hilflos ausgeliefert. Erstens soll er damit nicht gefügig gemacht oder seine Persönlichkeit zerstört werden. Zum zweiten weiß jemand, der in einen Orden eintritt, in der Regel, auf was er sich einläßt, weil die Mönche ihre Lebensweise nicht verstecken, sondern im Gegenteil noch dafür werben. Bei den Jugendsekten aber wird dies alles benutzt, um hilflose Opfer noch hilfloser zu machen.

Und das hat mit Religionsfreiheit nichts mehr zu tun. Allerdings bedarf dies des Nachweises in jedem Einzelfall. Hier sind wir an einer Schwachstelle angelangt, auf die ich später noch kurz eingehen möchte.

Jugendreligionen versuchen durch Nachrichtenverfälschung, Informationsunterdrückung, insbesondere Neumitglieder bewußt zu desinformieren und dadurch gegen jegliche Kritik von außen immun zu machen. Dies ist zum einen eine Mißachtung der Meinungs- und Informationsfreiheit, die ebenfalls einer der wichtigsten Bestandteile einer freiheitlich demokratischen Staatsordnung ist. Darüber hinaus setzt sich diese Praxis der psychischen Einflußnahme ebenfalls über das Recht auf Menschenwürde hinweg.

Ich glaube, diese wenigen Beispiele machen deutlich, daß Religionsfreiheit kein Freibrief für die Auswüchse des Sektenunwesens ist. Wir haben durchaus die Möglichkeiten, im Rahmen der derzeit geltenden Gesetze einzuschreiten. Meiner Überzeugung nach müssen wir einschreiten. Art. 20 Abs. 1 und Art. 1 Abs. 1 Satz 2 GG („zu achten und zu schützen") verpflichtet den Staat, hilfsbedürftigen Personen zur Seite zu stehen. Wenn vor unser aller Augen die Grundrechte insbesondere junger Menschen erheblich beeinträchtigt werden, wenn auf unverantwortungslose Art und Weise deren Gesundheit und Existenz von selbsternannten Göttern aufs Spiel gesetzt werden, und wir alle für die Schäden aufkommen müssen, ist es unsere Pflicht, einzuschreiten.

Wie soll und kann das geschehen?

Der wichtigste Punkt ist die Aufklärung der Öffentlichkeit. Trotz der langen Zeit, in der die Jugendreligionen bereits in der Bundesrepublik agieren, stehen wir mit der Informationspolitik immer noch am Anfang.

— Die Schlüsselrolle kommt dabei selbstverständlich den Medien zu — sie sind nun einmal die vierte Gewalt im Staate. Der Schleier des Undurchsichtigen und Geheimnisvollen muß gelüftet werden. Nur durch eine intensive Informationskampagne kann es uns gelingen, ein Problembewußtsein gegenüber der Sektenfrage in weiten Teilen der Bevölkerung zu schaffen. Allerdings müssen die Herrschaften von Presse, Funk und Fernsehen dann auch einmal über ihren eigenen Schatten der reinen Sensationslust springen. Es reicht nicht, sich nur dann mit Jugendreligionen zu beschäftigen, wenn spektakuläre Ereignisse wie Massenselbstmord, Selbstverbrennung und ähnlich Schreckliches passiert. Die Auseinandersetzung mit destruktiven Psychokulten ist kein Objekt für schnellebigen Sensationsjournalismus. Hier muß über eine lange Zeit kontinuierlich berichtet und aufgeklärt werden.

— Aber auch seitens der Bundes- und Länderbehörden sind verstärkte Aktivitäten vonnöten. Dem Sektenproblem muß mehr Raum im Schulunterricht eingeräumt werden. Die Fächer Religion, Sozialkunde, Wirtschaft und Rechtslehre bieten genügend Möglichkeiten sowohl für die geistige Auseinandersetzung als auch für die Betrachtung der sozialen Auswirkungen und rechtlichen Aspekte. Gerade die Schule als Erziehungsinstitution darf sich hier nicht ausgrenzen. Sie soll jungen Menschen nicht nur Lerninhalte vermitteln, sondern sie auch auf das Leben vorbereiten. Hier ist aber seitens der Schulen noch zu wenig geschehen. Es genügt nicht, das Problem zwar in den Lehrplan aufzunehmen, wenn sich aber in der Praxis so gut wie keine Zeit ergibt, die Sektenfrage intensiv zu behandeln.

— Eine weitere wichtige Funktion nehmen die Jugendverbände ein. Ihnen muß geeignetes Aufklärungsmaterial zur Hand gegeben werden. Ich begrüße es deshalb sehr, daß sich die Stiftung Deutsche Jugendbriefmarke dazu entschlossen hat, der Münchner Elterninitiative finanzielle Mittel für ein Projekt „Hilfe zur Selbsthilfe" zur Verfügung zu stellen. Die Landeszentralen und die Bundeszentrale für politische Bildungsarbeit sind ebenfalls aufgefordert, das Thema

Jugendreligion in ihrem Informationsangebot stärker zu berücksichtigen, denn sie leisten im Bund und in den Ländern eine unverzichtbare Aufklärungsarbeit und tragen so erheblich zur Willensbildung in der Bevölkerung bei.

— Unabdingbar ist es jedoch, daß die Bundesregierung und die Länderregierungen regelmäßige Berichte über Jugendsekten herausgeben. Die Anhängerschaft der Jugendreligionen hat die Zahl der extremistischen Organisationen in der Bundesrepublik bei weitem überflügelt. Diese Szenerie laufend zu beobachten, erscheint mir deshalb das Gebot der Stunde. Allerdings bin ich der Überzeugung, daß wir neue Formen finden müssen. Die Berichte sollen einerseits aufklären, aber auf der anderen Seite auch nachgeordneten Behörden Hilfestellungen bei Problemen und Fragen vor Ort geben. Gerade diesem letzten Anspruch können sie in der jetzigen Form nicht gerecht werden.
Hier haben Mitarbeiter des Kultusministeriums in Baden-Württemberg sehr interessante neue Vorschläge entwickelt. Wir dürfen uns bei den Sektenberichten nicht mit der allgemeinen Darstellung der Geschichte der Sektenführer und der Lehre begnügen. Der Schwerpunkt muß zukünftig der konkreten Darstellung der Verstöße von Sekten gegen geltende Gesetze, gegen die Menschenwürde, psychischer und physischer Schädigungen, finanzieller Ausbeutung und den Folgen gewidmet werden. Die Belange des Daten- und Persönlichkeitsschutzes sind dabei natürlich zu wahren. Zu diesem Zweck muß die Bundesregierung Schritte unternehmen, Verurteilungen, Ermittlungsverfahren, Straf- und Zivilprozesse, Verwaltungsgerichtsauseinandersetzungen, Prozesse vor den Arbeitsgerichten und außergerichtliche Verfahren, die in den letzten Jahren im Zusammenhang mit den Jugendreligionen durchgeführt wurden, zu archivieren. Soweit dies im Einzelfall nicht mehr möglich ist, müssen sich die Behörden die Benutzungsrechte vorhandener Archive, insbesondere der Sektenbeauftragten und Elterninitiativen, sichern und zum Ausbau beitragen.

Die wichtigste Rolle kommt allerdings den unmittelbar Betroffenen zu. Die ganze Aktion kann nur dann einen Sinn haben, wenn ehemalige Anhänger und betroffene Eltern ihre einzelnen Fälle detailliert den Kultus- bzw. Sozialministerien der Länder zur Kenntnis bringen. Jeder Fall für sich muß dann von den Ermittlungsbehörden

mittels Zeugeneinvernahme überprüft und die Ergebnisse gesammelt werden. Sicherlich wird nicht in jedem Fall ein Einschreiten der Strafverfolgungsorgane möglich sein. Sie können jedoch auch Hinweise auf Tatbestände liefern, die andere Rechtsbereiche betreffen und somit Hinweise für administrative Maßnahmen geben. Ihre Mithilfe ist dabei jedoch unbedingt notwendig.
Nur wenn die Eltern als unmittelbar Betroffene und die Elterninitiativen als ihr Lobby den Mut haben, aus der Anonymität herauszugehen und konkret ihre Schicksale zu schildern, kann es gelingen, wirksam gegen die Sekten einschreiten zu können.

Auch bei den Behörden ist hier ein generelles Umdenken notwendig. Die länder- und ressortübergreifende Zusammenarbeit muß intensiviert werden.

Aktive Betätigung von Mitgliedern nachweislich gegen die Menschenwürde gerichteter Jugendsekten stellt ebenso wie die aktive Betätigung in verfassungsfeindlichen politischen Organisationen eine Tatsache dar, die der Berufung in das Beamtenverhältnis wegen der dazu erforderlichen verfassungs- und beamtenrechtlichen Voraussetzungen entgegensteht.

Wem Jugendliche zur Erziehung anvertraut sind (z.B. als Lehrer) und wer diese Stellung zur Werbung für gegen die Menschenwürde gerichtete Jugendsekten mißbraucht, begeht ein Dienstvergehen, das jedenfalls im Wiederholungsfalle zur Entfernung aus dem Dienst führen muß.

Die nächste zentrale Frage ist meiner Meinung nach das Problem der Gemeinnützigkeit.

Elmar Brok hat während der großen Debatte im Europäischen Parlament zum Thema „Jugendsekten" sehr deutlich zum Ausdruck gebracht, um was es geht. „Das Geschäft mit der Sehnsucht" muß für die Sekten finanziell unattraktiv gemacht werden. Den Jugendreligionen muß dort, wo es noch nicht geschehen ist, der Status des Idealvereins aberkannt und ihre Streichung aus dem Vereinsregister erreicht werden. Das Amtsgericht kann die Eintragung in das Vereinsregister verweigern, wenn der Zweck des Vereins auf einen wirtschaftlichen Geschäftsbetrieb gerichtet ist. Es ist meiner Meinung nach

absurd, daß derartige Gruppen mit dem Prädikat „gemeinnützig" auftreten dürfen.
Wenn z.B., wie bei der Scientology Kirche, das Verwaltungsgericht München feststellt, daß es sich um einen religiös verbrämten Wirtschaftsbetrieb handelt, müssen die Verwaltungs- und Finanzbehörden einschreiten. Die Gewährung steuerrechtlicher Vergünstigungen wegen Gemeinnützigkeit setzt voraus, daß die Körperschaft nach ihrer Satzung und tatsächlichen Geschäftsführung ausschließlich und unmittelbar gemeinnützigen, mildtätigen oder kirchlichen Zwecken dient (§§ 51 - 68 AO).
Das Münchner Kreisverwaltungsreferat hat hier die Mauer der Unentschlossenheit durchbrochen und ist in die Offensive gegangen. Die Behörden anderer großer Städte sind aufgefordert, ebenfalls soviel Mut und Entschlossenheit zu zeigen und endlich den Kampf mit den Sekten aufzunehmen.
Denn gerade die Gemeinnützigkeit stellt für die Sekten eine ausgezeichnete Möglichkeit zur Täuschung der Öffentlichkeit und des einzelnen dar. Mit ihr sind zwei große Vorteile verbunden. Einmal ein Wettbewerbsvorsprung. Einer Organisation, die sich mit dem Begriff der Gemeinnützigkeit schmücken kann, ist man eher bereit zu spenden. Der Bürger vertraut hier auf das vom Staat verteilte Prädikat, weil er meint, aufgrund dessen davon ausgehen zu können, daß es sich auch um etwas Gutes handelt. Außerdem wird den Jugendsekten dadurch noch ein großer Steuervorteil eingeräumt. Deshalb sind bundeseinheitliche Steuerregelungen mit dem Inhalt, daß von der Gesellschaft für schädlich gehaltene Gruppen wie die Jugendsekten nicht auch noch als gemeinnützig bezeichnet und behandelt werden dürfen, notwendig. Es geht dabei nicht um Sondergesetze für Sondergruppen. Wenn dies von den Sekten behauptet wird, ist dies der Versuch einer bewußten Irreführung.
In diesem Zusammenhang erscheint es mir auch absolut geboten, dafür Sorge zu tragen, daß die Lehre von Beginn an offengelegt wird. Eine seriöse Religionsgemeinschaft versteht ihre Anschauung nicht. Gleiches kann man auch von Jugendsekten verlangen. Es geht dabei nicht darum, daß man bei der Begrüßung gleich auf die Organisation hinweisen muß. Es gilt, beim Anwerben dem Jugendlichen klar zu zeigen, um was es sich handelt, nämlich um die Mun-Sekte und nicht um eine christliche Gruppe für Nachbarschaftshilfe, nämlich um Thakar Singh und nicht um eine Initiative für Schlüsselkinder in den Betonsilos unserer Großstädte. Dies ist ein wichtiger Schritt, damit

gerade junge Leute nicht so leicht von obskuren Seelenfängern mißbraucht werden können. Dazu gehört auch, daß neuen Mitgliedern vor Eintritt in diese Gruppen eine ausreichende Bedenkzeit eingeräumt wird.

Bei den Orden der beiden Großkirchen ist dies selbstverständlich. Ein Noviziat gibt dem einzelnen vor der endgültigen Entscheidung die Gelegenheit, alles noch einmal zu überdenken. Eine seriöse Religionsgemeinschaft kann darin auch kein Hindernis sehen — im Gegenteil.

Neben verfassungs-, verwaltungs- und steuerrechtlichen Aspekten dürfen wir noch einen weiteren Bereich keinesfalls außer acht lassen, in dem von den Jugendsekten immer wieder Mißbrauch betrieben wird.

Ich meine das Sozial- und Arbeitsrecht. Die Jugendreligionen müssen für ihre Mitglieder Beiträge in die Arbeitslosenversicherung, Unfallversicherung, Krankenversicherung und Rentenversicherung entrichten. Da dies in der überwiegenden Zahl von Fällen unterbleibt, kommt auf die öffentliche Hand eine beträchtliche Kostenbelastung zu. So wenn es z.B. zutreffen sollte, daß die Bhagwan-Sekte Anhänger für 200 DM im Monat in einer Diskothek arbeiten läßt, ohne daß sie für diese Sozialbeiträge abführt. Beim Ausscheiden aus der Organisation, wenn sie für den Guru nicht mehr von Nutzen sind, sind die Sozialhilfe oder die Angehörigen genötigt zu zahlen. Dies ist meiner Meinung nach ein Skandal. Die Neuregelung im Sozialrecht, daß nun auch den Großeltern auferlegt, für Enkelkinder zu zahlen, ohne sie aus der Sekte herauslösen zu können, da die Eltern das Aufenhaltsbestimmungsrecht innehaben, fordert eine erneute Prüfung dieser Gesetzesnovelle. Denn hier werden soziale Ungerechtigkeiten geschaffen, die es gerade im Hinblick auf die zweite Generation in den Sekten zu beheben gilt. Der Schutz des Arbeits- und Sozialversicherungsrechts beruht auf zwingenden gesetzlichen Vorschriften. Jedoch müssen nach der gegenwärtigen Rechtslage die Betroffenen selbst und die Sozialversicherungsträger die Anwendung dieser Rechtsvorschriften durchsetzen. das heißt, ehemalige Mitglieder, die nicht versichert wurden, müssen ihren Anspruch auf dem Weg der Schadensersatzklage zu realisieren versuchen.
Man kann sich des Eindrucks nicht erwehren, daß die öffentlichen Stellen vielleicht aus Furcht vor den beiden großen Kirchen die

Auseinandersetzung scheuen. Hier können die großen Religionsgemeinschaften dazu beitragen, gemeinsam mit dem Betroffenen und dem Staat auch einmal unter Hintanstellung eigener Interessen, Möglichkeiten zu eröffnen, einen sozial gefährlichen Wildwuchs auf dem Feld der religiösen Vereinigungen rechtlich wirksam zu bekämpfen. Daß dabei vielleicht auch von bisherigen Privilegien Abstand genommen werden muß, muß in Kauf genommen werden. Arbeits- und Sozialrecht sind besonders geeignete Ansatzpunkte, um den Profitanreiz für die Geschäftemacher im religiösen Gewand erheblich zu schmälern.
Auch das Gewerberecht bietet die Möglichkeit, gegen Jugendsekten vorzugehen. So ist gem. § 35 GewO die Ausübung eines Gewerbes bei Unzuverlässigkeit des Gewerbetreibenden zu untersagen „Unzuverlässigkeit" liegt z.B. vor, wenn keine Sozialversicherungsbeiträge abgeführt werden.
Lassen Sie mich zum Schluß noch auf einige weitere Bereiche eingehen, wo ein entscheidendes Handeln unumgänglich ist. Diese Forderungen sind bereits Beschlußlage des Bayerischen Landtages und kein utopisches Wunschdenken.

— Mitglieder, die eine Ausbildung begonnen haben, müssen sie beenden können. Es ist unverantwortlich, wenn in der heutigen Arbeitsmarkt-Situation ein religiöser Führer den Abbruch der Lehre, der Schulausbildung oder die Kündigung des Arbeitsplatzes propagiert, weil er es für seine Weltrettungspläne für unabdingbar hält.

— Den Eltern muß durch den Gesetzgeber bei der Suche nach ihren Kindern verstärkt geholfen werden. Deshalb ist ihnen und den zuständigen Behörden auf Verlangen unverzüglich Auskunft über den Aufenthaltsort zu geben. Die Tatsache der Volljährigkeit darf hier keine Rolle spielen. Der Staat hat eine moralische und auch durch das Grundgesetz festgelegte Fürsorgepflicht.

— Nach dem Eintritt in die Organisation muß das Recht gewährleistet bleiben, jederzeit telefonisch, brieflich oder persönlich Kontakt mit der Familie und Freunden aufnehmen zu können. Das Post- und Fernmeldegeheimnis gilt auch für die neuen Jugendreligionen. Die Ansicht, die Angehörigen seien vom Teufel besessen, rechtfertigt nicht die Zensur oder Unterschlagung von Post- und Briefsendungen. Hier wird gegen geltende Rechtsnormen verstoßen. Die Justiz muß in diesen Fällen einschreiten und die Betreffenden dafür strafrechtlich zur Verantwortung ziehen. Es ist zu gewährleisten, daß die Organisation jederzeit ungehindert verlassen werden kann. Die Praktiken der Sekten, insbesondere mittels Wecken von Schuldgefühlen, Telefonanrufen u.a. ausgeübter Psychoterror, grenzen oftmals an Freiheitsberaubung.

— Den Anhängern der Gruppen muß ein Rücktrittsrecht für eingegangene vertragliche Verpflichtungen eingeräumt werden. Privateigentum ist nach Ausscheiden aus der Sekte zurückzugeben. Bei den beiden Großkirchen und den Orden ist dies selbstverständlich. Auch Jugendsekten haben sich daran zu halten. Wir müssen klar erkennen, daß die Tarnung als „freiwillig eingebrachte Spende" nur ein Trick ist. Diese Spenden sollen zurückgegeben werden, insbesondere deshalb, weil der Betroffene beim Eintritt in die Sekte noch gar nicht wußte, was ihn erwartet. Die Jugendreligionen scheuen sich nicht, eine Überschreibung von Erbteilen, Wertpapieren, Sparkonten usw. zu fordern, auch vor einer Zwangsversteigerung schrecken sie nicht zurück.

Friedrich Wilhelm Haack hat in seinem Buch über neue Jugendreligionen sehr treffend festgestellt, daß in den letzten Jahren oft das Ich mehr als die Gemeinschaft gezählt hat, daß oft nur der Ruf nach dem Staat ertönt ist, ohne daß der einzelne bereit war, etwas für die Gemeinschaft zu tun. Ein Beispiel wie es sein sollte, haben uns die Elterninitiativen gezeigt. Sie haben nicht nur den Staat aufgefordert, etwas zu tun und dann die Hände in den Schoß gelegt, sondern sind selbst aktiv geworden. Betroffene Eltern, ehemalige Sektenanhänger und engagierte Bürger haben diese Gefahr frühzeitig erkannt und unter großem persönlichen Einsatz dem Treiben der Sekten entgegengewirkt.

Das Engagement, mit dem hier Eltern für das Wohl ihrer Kinder kämpfen, straft all jene Lügen, die das Sektenproblem mit der Bemerkung abtun wollen, den Familien fehle es eben nur am nötigen Verständnis. Dieses Engagement ist vorbildlich und ich bin der Meinung, daß dies gewürdigt und unterstützt werden muß. Elterninitiativen, die ohne staatliche Mittel gegen Organisationen ankämpfen müssen, die über Beträge in Millionenhöhe und über einen voll funktionierenden Apparat verfügen, haben allein auf die Dauer keine Chance.

Wollen wir Erfolg haben, darf es nicht bei administrativen Maßnahmen bleiben. Der Erfahrungsschatz dieser Selbsthilfeorganisationen ist für uns unverzichtbar. Die Länderregierungen müssen deshalb Elterninitiativen in ihrem Bundesland finanziell fördern. Dies ist bisher so gut wie nicht geschehen. Mit leeren Worten allein ist es nicht getan, es muß endlich etwas geschehen.

Jugendsekten waren in den letzten 10 Jahren auch immer wieder Gegenstand der Diskussion im Deutschen Bundestag. Neben zahlreichen Fragen von Abgeordneten aus allen Fraktionen startete z. B. die CDU/CSU-Fraktion mit zwei Kleinen Anfragen zur Mun-Sekte bzw. zu den Jugendreligionen allgemein mehrmals die Initiative für eine weitere Auseinandersetzung im Parlament. Es muß jedoch festgehalten werden, daß die Antworten der zuständigen Ministerien in keiner Weise zufriedenstellend und ausreichend waren. Sie zeigten symptomatisch Mutlosigkeit und ein „Davon-Laufen“ vor der Verantwortung. Oft wurde über Denkanstöße, die Parlamentarier mit ihren Fragen immer wieder geben wollten, oberflächlich hinweggegangen. „Der Bundesregierung liegen keine Erkenntnisse vor“ — dieser Satz war leider zu oft zu lesen. Wir müssen deshalb von den Bundesbehörden mehr Mut erwarten können, auch einmal neue Wege zu beschreiten. Es ist z. B. nicht einsehbar, daß Jugendsekten vor unser aller Augen Wirtschaftsimperien aufbauen und damit sogar in ihren eigenen Berichten werben, während sich die Bundesregierung auf datenschutzrechtliche Probleme beruft, die derartige Recherchen angeblich unmöglich machen.

Die Bundesregierung ist aufgefordert, diese Fragen sehr ernst zu nehmen. Umfangreiche und genaue Nachforschungen sind unentbehrlich. Die zuständigen Ministerien, insbesondere das Bundesministerium für Jugend, Familie und Gesundheit muß mehr Mut beweisen, als dies bisher geschehen ist. Gerade nur auf diesem Weg wird die Möglichkeit geschaffen, daß der Bundestag sich intensiver als bisher mit Jugendreligionen auseinandersetzt und die notwendigen Schritte einleiten kann.

Zahlreiche Parlamentsinitiativen wurden zwischenzeitlich gestartet. So hat der Bayerische Landtag, als erstes Parlament in der Bundesrepublik, einen umfangreichen Maßnahmenkatalog beschlossen, dessen wichtigste Punkte ich Ihnen vorhin kurz skizziert habe. Auch das Europaparlament hat sich mit der Frage der Jugendreligionen engagiert auseinandergesetzt.

Seine Initiativen und Vorschläge bilden eine gute Grundlage für das Handeln der nationalen Regierungen in den Mitgliedsstaaten der Europäischen Gemeinschaft. Sie sind aufgefordert, nun tätig zu werden, damit es nicht beim bloßen Appell bleibt. Es muß aber auch klar gesagt werden: Bei der Auseinandersetzung mit Jugendsekten müssen alle demokratischen politischen Parteien an einem Strang ziehen. Parteiengezänk darf es hier nicht geben. Wir würden damit den Betroffenen nicht helfen, sondern nur den Jugendsekten einen „Bärendienst" erweisen. „Tausende von Eltern richten ihre Hoffnungen auf uns — wir dürfen sie nicht enttäuschen." Mit diesen Worten hat der Europaabgeordnete Reinhold Bocklet bei der Debatte im Parlament seine Rede geschlossen.

Ich glaube, es ist nicht zu spät, gegen Jugendreligionen etwas zu tun, aber es ist höchste Zeit. Vornehme Zurückhaltung, Angst und Unentschlossenheit sind fehl am Platz. Denn wenn wir noch einmal 15 Jahre warten, dann ist es zu spät.

Manfred Ach,
Vorsitzender der Münchner Elterninitiative zur Hilfe gegen seelische Abhängigkeit und religiösen Extremismus

Es sind unsere Kinder!

Betroffene haben sich in Elterninitiativen zusammengefunden, um sich gegenseitig Trost und Rat und Hilfe zu sein, um aus unserer Einsamkeit herauszukommen und gemeinsam nachzudenken, ihre Not zu formulieren und sie der Öffentlichkeit bewußt zu machen. Nicht zuletzt geschah dies alles in der Hoffnung, daß beherzte Politiker sich unserer Probleme annehmen und unser Betroffensein zu ihrer Betroffenheit machen.

In den zehn Jahren unseres Bestehens ist einiges davon gelungen. An dieser Stelle ist ganz deutlich zu sagen, daß es für uns außerordentlich begrüßenswert und glückbringend ist, daß Tagungen wie diese Landeskonferenz der Jungen Union Bayern stattfinden. Eltern sind damit aus dem Getto ihrer Hilflosigkeit und Verzweiflung herausgetreten. Das Engagement vieler Politiker hat ihnen geholfen den Mut zu finden, ihr Schicksal in der Öffentlichkeit zu tragen.

Die Junge Union Bayern beschäftigt sich mit diesem Thema kontinuierlich seit nunmehr über sechs Jahren. Gerade ihre Vorschläge und Initiativen haben uns Betroffenen immer wieder Mut gemacht. Die jüngsten Beschlüsse des Bayerischen Landtages zeigen, daß Politiker über alle Parteigrenzen hinweg gewillt sind, gemeinsam nach Lösungsmöglichkeiten zu suchen. Daß erstmals ein Bundesminister Flagge gezeigt hat, läßt uns hoffen.

Selten ist so mit Jugendlichen Schindluder getrieben worden wie in diesen totalitären Bewegungen. Wie auch immer man sie nennen mag, sie haben junge Menschen um ihre Lebensplanung betrogen. Auch weiterhin werden junge Menschen in diese „Integrationsfallen" der Jugendsekten tappen. 1985 ist das Internationale Jahr der Jugend. Wir sollten es gerade für unser Anliegen nutzen und nicht zulassen, daß die Kulte es für sich reklamieren! Den Begriff „Familie" haben die Kulte ohnehin schon für ihre Zwecke mißbraucht, indem sie ihn in ihrem Sinne neu besetzten und neu definierten. Wir müssen vor diesem Hintergrund über den Sinn der Familie, wie ihn unsere Verfassung versteht, intensiv nachdenken.

Ist z.B. ein Bhagwan-Anhänger nicht als Radikaler im öffentlichen

Dienst anzusehen, wenn er die programmatische Zerstörung der Familie so akzeptiert und betreibt, wie es Schriften dieser Gruppe nahelegen? Lehrer und Erzieher sind durch ihren Bildungsauftrag und unsere Verfassung verpflichtet, die Familie als hohes Gut zu schützen. Ein Lehrer kann deshalb nicht guten Gewissens in Bhagwan-Kluft auftreten. Tut er es, so weiß er entweder zu wenig von Bhagwan oder zu wenig von seinem Bildungsauftrag. Wir sind mit Kulten konfrontiert, die die Ethik, auf die sich unser Staat und unsere Familien gründen, völlig verneinen. Die Entwertung durch Lebenslügen, die hier betrieben wird, findet letztlich ihren Höhepunkt in der Absage an sämtliche abendländisch-humanitären Werte. Aus diesem Grund müssen sich u. a. die Parlamente für das Kastensystem der Krshna-Bewegung interessieren, das eine Hinduisierung der westlichen Welt scheinbar vorantreiben will.

Wenn von „Gesundheit" die Rede ist und dieses Ressort des Bundesministers in Zusammenhang mit unserer Problematik steht, so müssen wir deutlich festhalten, daß wir nachhaltige Schädigungen junger Menschen durch die Kulte zu beklagen haben, die zum Teil irreparabel sind. Es ist jedoch nicht nur so, daß die Mitglieder sich in dieser Hinsicht selbst gefährlich werden, — sie können auch uns allen gefährlich werden: etwa dann, wenn sie als ferngesteuerte Fanatiker, die zu jeder Form der Selbstaufgabe bereit sind und bei denen jede Gesetzesübertretung grundsätzlich denkbar ist, auf uns losgelassen werden. Hoffen wir, daß nicht eines Tages die Gebetsschnur, die Meditationssilbe und die Mala ausgetauscht werden gegen Waffen. Die Tatsache, daß diese „Umrüstung" zum Teil schon beobachtet werden kann, ist beunruhigend. Womit müssen wir rechnen, wenn einer der Gurus oder Supermessiasse durchdreht und die Endzeit einläutet? Wird auf den pervertierten Idealismus und die pervertierte Familienidee schließlich eine pervertierte „Erlösung" folgen?

Ich meine, unsere Verfassungsschutzberichte müßten um ein gutes Drittel an Umfang erweitert werden. Um die Namen und die Darstellung jener Gruppen nämlich, die sich selbst als totalitär entlarvt haben. Freilich hört man bei so einer Forderung schon die aufgebrachten Gegenstimmen, hier werde „Jagd" auf „Minderheiten" gemacht. Dazu ist folgendes zu sagen: Nicht jede Minderheit ist schon schützenswert, nur weil sie Minderheit ist. Zum anderen müßte man klarstellen, wer denn hier eigentlich „Minderheit" für sich reklamiert.
Wer ist denn die Minderheit, wenn einzelne Betroffene und wachsame

Staatsbürger aufstehen gegen millionenschwere multinationale Konzerne?
Wer ist denn die Minderheit, wenn z. B. in Buchhandlungen die Regale vollstehen mit Sektenliteratur und sich die aufklärende und kritische Literatur daneben recht bescheiden ausnimmt?
Wer ist denn die Minderheit, wenn zwar ab und zu in den Medien Stimmung gegen die Kulte gemacht wird, dann aber in auflagenstärksten Journalen ganzseitige Anzeigen eben dieser Kulte veröffentlicht sind?
Sicher, wenn es gerade oppertun ist, betonen die Sekten ganz gern, daß ihre Kritiker eine kleine Minderheit darstellen, auf die sich dann jede Berichterstattung stütze. Sie tun so, als gäbe es nur einige wenige Menschen, die in ihrer Verblendung die Kulte kritisieren, eben die sogenannten „Sektenexperten". Demgegenüber muß man freilich sagen, daß es nicht nur ein paar Dutzend Sektenexperten gibt, sondern hunderttausende! Nämlich alle diejenigen Eltern und Angehörigen, die einen liebgewonnenen Menschen an einen totalitären Kult verloren haben. Sie sind wahrlich Experten aufgrund ihrer intensiven und schmerzlichen Erfahrung. Leider bringen nur wenige von ihnen die Kraft und den Mut auf, sich aktiv in einer Elterninitiative zu engagieren. Aber wir werden von Tag zu Tag mehr. Sicher ist unsere Initiative in der Größenrelation zu den Kulten so klein wie eine Maus gegenüber einem Elefanten. Aber bekanntlich haben Elefanten Angst vor Mäusen.

Wir waren in den vergangenen Jahren in einer Phase des Reagierens auf ein unheimliches Phänomen. Eine Phase, die gekennzeichnet war durch Einzelkämpfertum, verzweifelte Bittgesuche, durch theologische und weltanschauliche Schönfärberei, humanitäre Mißverständnisse und apologetisches Spießertum, durch zweifelhafte wissenschaftliche Erhebungen und durch passive Schicksalsergebenheit.
Daß sich die Lage mittlerweile geändert hat, haben wir mehreren Umständen zu verdanken: dem nimmermüden Einsatz von Theologen, von mutigen Betroffenen und von engagierten Politikern. Aber auch die Tatsache, die öffentliches Allgemeingut geworden ist, - daß die Kulte mehrere Formen der Wahrheit anbieten: eine für Außenstehende, eine für einfache Mitglieder, und mehrere für die Stufen der Hierarchie, wobei die letzteren Wahrheiten gefährlich für den einzelnen und die gesamte Gesellschaft sind, da der Sekten-Totalitarismus die ganze Welt anstecken will.
Täglich werden es mehr, die in den Gruppen nicht nur die bedauernswerten Verführten sehen, die als Sklaven auf dieser „Galeere des zwanzigsten Jahrhunderts" schuften. Sie sehen auch die Anzeichen

eines weltweiten Kulturkampfes, sie erkennen den endzeitlichen Faschismus, sie nehmen jenes organisierte Verbrechen wahr, gegen das sich die Mafia ausnimmt wie das Räuberspiel von Konfirmanden.
Womit wir rechnen (und rechnen müssen), ist die — wo nicht ursprünglich intendierte, so doch längst erreichte — Inanspruchnahme eines gefügigen und zu jedem Opfer bereiten Potentials von Menschen durch Gurus, deren eigene Entwicklung nicht immer absehbar ist. Das geheiligte Mantra oder das Maschinengewehr, — eine Frage der Anweisung. Kollektiver Selbstmord oder Aggression nach außen, — eine Frage des Tagesbefehls. Jubelnde Zustandsfrömmigkeit unter charismatischen Fittichen oder politische Umarmungsstrategie, — jedes Mittel ist recht. Nebenbei: es ist denkbar, daß auch Gurus käuflich sind. Es gibt Anzeichen dafür, daß Leute wie Gaddafi an dieser „Börse" spekulieren. Wie auch immer: Menschen, die so verfügbar sind wie dirigierbare Zombies, sind ein Wunschtraum aller, die Macht und Terror lieben. Solche Menschen sind für sich, für uns und für alle eine Gefahr. Helfen wir ihnen, sich zu befreien!

Barthl Kalb, MdL, Mitglied des Jugendpolitischen Arbeitskreises der CSU-Fraktion im Bayer. Landtag

Jugendsekten — Initiativen und Beschlüsse in Bayern

Bereits seit 1980 beschäftigt die Frage Jugendsekten den Bayerischen Landtag. Im Rahmen der Interpellation „Jugend und ihre Zukunftschancen" wurde die Staatsregierung von der CSU-Fraktion gebeten, über Art, Umfang, Methoden, Gefahren, Ursachen, Hintergründe und mögliche Gegenstrategien zu berichten. Der Bayerische Staatsminister für Arbeit und Sozialordnung, Herr Dr. Fritz Pirkl, der für die Staatsregierung antwortete, betonte dabei insbesondere:

> „Junge Menschen, vor allem solche mit besonderen persönlichen Problemen, glauben hier Sinnorientierung und Geborgenheit zu finden, da ihnen eine Lösung aller Probleme und Konflikte versprochen wird. Besonders gefährlich in diesem Zusammenhang ist, daß die Jugendsekten nicht von Anfang an eine durchgängige Information über ihre jeweilige Lehre und Organisation gewähren; wäre dies der Fall, so würden sicherlich etliche von Anfang an abgeschreckt".

Der Minister berichtete auch über die Befassung der Konferenz der Jugendminister und Jugendsenatoren sowie der Kultusminister-Konferenz. Die Ergebnisse der Beratungen stimmen jedoch wenig optimistisch. So heißt es u. a.: „Sie stimmen in ihren Stellungnahmen . . . darin überein, daß im Hinblick auf die Religions- und Weltanschauungsfreiheit den möglicherweise von Jugendreligionen ausgehenden Gefahren mit rechtlichen Mitteln nur begrenzt begegnet werden kann".

Bei realistischer Einschätzung der Lage ist zu befürchten, daß gerade die rechtliche Problematik keine einfachen Lösungen ermöglichen wird. Aus diesem Grund wird es ein sehr mühsames Unterfangen sein, weitere Gegenmaßnahmen zu entwickeln.

Dies hat sich bereits im Zusammenhang mit der Initiative des Bayerischen Senats gezeigt, der sich schon 1979 sehr intensiv mit der gesamten Problematik befaßt hat. Die sehr umfangreiche Antwort der Staatsregierung an den Senat hat jedoch nicht bei jedem zur vollen Zufriedenheit geführt.

Der Arbeitskreis für Jugendfragen der CSU-Landtagsfraktion von Dr. Thomas Goppel, MdL, hat sich in den letzten Jahren, in enger Zusammenarbeit mit der Jungen Union, erneut und intensiv mit der Problematik „Jugendsekten“ auseinandergesetzt. Tagungen und Dokumentationen waren und sind von hohem Niveau und großer Sorgfalt gekennzeichnet. Neben den Beauftragten für Sekten- und Weltanschauungsfragen der Kirchen, hat sich gerade die Junge Union besonders engagiert dieser Frage gewidmet und auf diesem Weg wertvolle Beiträge für die politische Alltagsarbeit geleistet.

Auf Antrag der CSU-Fraktion hat der Bayerische Landtag mit den Stimmen aller Parteien vier richtungsweisende Beschlüsse gefaßt.

Den Hauptschwerpunkt messen die Parlamentarier dabei dem Bereich Aufklärung und Vorbeugung zu. So sollen Schulen, Jugendverbände, Medien, Kirchen, Politiker und staatliche Stellen Jugendliche auf Praktiken und Gefahren pseudoreligiöser Organisationen hinweisen. Nur wenn alle verantwortlichen Institutionen und Gruppen in unserem Staat hier zusammenwirken, kann Information sinnvoll betrieben werden. Elterninitiativen und Selbsthilfegruppen, die seit Jahren in diesem Bereich wertvolle Arbeit leisten ohne sofort nach dem Staat zu rufen, müssen in Zukunft stärker als bisher unterstützt werden.
Zwei weitere Beschlüsse widmen sich der Frage, wie dem Treiben von Jugendsekten mit rechtlichen Handhaben begegnet werden kann. Es scheint sinnvoll und geboten in Hinsicht auf das Auftreten der Jugendsekten, bestehende Vorschriften zu überprüfen und ggf. zu verbessern. Darüber hinaus muß das bisher vorhandene Rechtsinstrumentarium endlich von den Behörden offensiv genutzt werden. Leider fehlt hier bei vielen der Mut.
Gerade die neuesten Ereignisse um die Scientology-Sekte in München haben jedoch gezeigt, daß Religionsfreiheit niemals Rechtsverstöße deckt.

Insbesondere Verstöße gegen das Arbeits- und Sozialrecht sowie gegen persönliche Freiheitsrechte dürfen nicht mehr einfach so hingenommen werden.

Ebenfalls einstimmig wurde ein Antrag der SPD verabschiedet, der die Staatsregierung auffordert, einen schriftlichen Bericht vorzulegen, welche Ursachen und Motive junge Menschen in die Sekten treiben.

Die Bayerische Staatsregierung erarbeitet z. Zt. unter der Federführung des Bayerischen Staatsministeriums für Unterricht und Kultus einen umfassenden Bericht zu den Anträgen.
Er wird die Grundlage für Aktionen von Parlament und Behörden bilden. Bayern bleibt aufgefordert, auch weiterhin in der Auseinandersetzung mit den Jugendsekten eine Vorreiterrolle einzunehmen.

Hans Liebl, Dipl.-Theol.
Beauftragter für Sekten und Weltanschauungsfragen der Erzdiözese München - Freising

Jugendsekten — Eine gemeinsame Aufgabe für Kirche und Staat

Die Frage der sogenannten Jugendreligionen, ihrer Aktivitäten und Tarngruppierungen geht alle an, die an der Freiheit des einzelnen und an einer sozialen, menschenwürdigen und freien Gesellschaft interessiert sind, wie sie das Grundgesetz und die bayerische Verfassung darlegen. Es sind also nicht nur der unmittelbar Betroffene oder dessen Angehörige, die sich mit der Problematik der sogenannten Jugendreligionen auseinandersetzen müssen, angesprochen. Es sind unter anderen die Polizei, staatliche Stellen, Rechtsprechung, Jugendschutz, Schule, die Kirchen, alle, für die Menschen nicht primär als Gefolgsleute gelten, sondern als Personen mit unveräußerlichen Rechten und auch Pflichten, die ihren Wert in sich tragen, aufgefordert tätig zu werden.

Wesentlich ist dabei, sich nüchtern und in Verantwortung die Frage zu stellen: Was kann und muß getan werden? Was kann andererseits jemand nicht tun, der sich einer Wertordnung verpflichtet weiß, die ihm im Umgang mit anderen unüberschreitbare Grenzen setzt, die ihm wirksame Methoden der Manipulation anderer verbietet, ihn dagegen auf den oft mühsamen Weg der Information und Überzeugung selbst dem gegenüber, der in seiner Selbstbestimmung gebunden und unfrei ist, weist. Freiheit und Menschenwürde, Recht und Gesetz gelten auch für die Auseinandersetzung mit destruktiven Kulten.

Auf der anderen Seite sind viele Möglichkeiten der Hilfe noch lange nicht genügend aufgegriffen und umgesetzt worden. In weiten Bereichen sind die Problematik und ihre Konsequenzen für den einzelnen, die Familien die Gesellschaft und die Kirche noch gar nicht zur Kenntnis genommen, sei es aus Bequemlichkeit oder aus einer Art Wahrnehmungsverweigerung, die Schlimmes am besten nicht wahrhaben will, Unangenehmes verdrängt.

Die beiden großen christlichen Kirchen arbeiten im Bereich der Sekten- und Weltanschauungsfragen intensiv zusammen, sowohl was den Informationsaustausch betrifft, als auch was die Zielsetzung der Arbeit angeht. Beide Kirchen haben hier eine fundamentale Aufgabe auch der Seelsorge, der unmittelbar Betroffenen und der Angehörigen.

Haben alle evangelischen Landeskirchen, meist seit Jahren, einen Beauftragten für Sekten und Weltanschauungsfragen, so beginnen auch die katholischen Diözesen Bayerns ihre Aktivitäten zu verstärken: In der Diözese Augsburg ist seit Septemer Herr Kohle tätig, in Regensburg ebenfalls seit September Herr Rückerl. Die Diözese Eichstätt will ebenfalls demnächst einen Beauftragten für Sekten und Weltanschauungsfragen benennen. Seit Anfang dieses Jahres ist Herr Baer bei der Kath. Sozialethischen Arbeitsstelle in Hamm/Westf. mit der Koordination der Arbeit der einzelnen Diözesen der Bundesrepublik betraut. In der ersten Hälfte des nächsten Jahres soll eine offizielle Verlautbarung der Deutschen und Österreichischen Bischofskonferenz und des ökumenischen Arbeitskreises der Schweiz erscheinen „Die neue religiöse Welle". Pastorale Hilfen zur Auseinandersetzung mit neuen religiösen Bewegungen außerhalb der Kirchen". Mit diesem Papier sollen dann die Probleme der sogenannten Jugendsekten in den Kirchen bewußter gemacht und die Verantwortung der Kirchen deutlicher herausgestellt werden.

Kirchen und der Staat haben auch auf diesem Gebiet unterschiedliche Aufgaben, gemeinsam muß ihnen die Sorge um Freiheit und Würde des Menschen sein, ohne die eine demokratische Rechtsordnung nicht bestehen kann.

Immer wieder wird der Ruf nach neuen Gesetzen in der Auseinandersetzung mit den sogenannten Jugendreligionen erhoben. Ich meine, daß die bestehenden Bestimmungen und Gesetze ausreichen, auch die hier anstehenden Probleme und Gefahren in den Griff zu bekommen. Entschieden muß allerdings gefordert werden, daß deren Anwendung konsequent auch den Gruppen gegenüber praktiziert wird, die unter Vorspiegelung pseudoreligiöser Motive für sich eine gesetzesfreie Grauzone schaffen und sofort „Religionsverfolgung" schreien, wenn auch auf sie die für alle anderen geltenden gesetzlichen Bestimmungen Anwendung finden.

Der Staat müßte, meine ich, auch konsequenter darauf achten, welche Gesellschaftskonzepte bei den Jugendsekten zugrunde liegen. Oft sind diese totalitär in ihrem Anspruch und zielen auf einen Umsturz der demokratischen Grundordnung, z. B. bei Ananda Marga oder der Internationalen Gesellschaft für Krishna-Bewußtsein.

Mehr leisten muß der Staat auch im Bereich der Aufklärung und Information. Nachhilfe- und Therapie-Angebot sind vielfach erste Kontaktmöglichkeiten zu Sekten unterschiedlichster Art und bieten gerade Menschen gegenüber, die Hilfe brauchen, einen günstigen Boden der Beeinflussung.

Das Thema Sekten im weitesten Sinne wird auch für die Kirche immer akuter werden. Wichtig ist dabei, daß auf der einen Seite die Kirchen versuchen, als Integrationskraft in der Gesellschaft erhalten zu bleiben. Allzu schnelle Ab- und Ausgrenzung schaffen unter Umständen „Märtyrer", die sich dann sehr schnell für Gruppeninteressen vermarkten lassen. Andererseits müssen sich die Kirchen von Gruppen trennen, die in ihrer Grundaussage und ihrer Praxis „unchristlich" sind, weil sie den Menschen nicht als Selbstwert sehen und behandeln, sondern ihn ideologischen Zwecken und Praktiken unterwerfen.

Konkret gefordert sind die Kirchen in der Hilfe für den einzelnen, der Hilfe und Orientierung braucht. Der Staat muß den Freiraum für eine offene weltanschauliche Auseinandersetzung garantieren und die Anwendung der gesetzlichen Bestimmungen für alle garantieren. Ich meine, beide Institutionen, Staat und Kirche, können sich hier gut ergänzen und zusammenarbeiten.

Udo Schuster,
Landesgeschäftsführer der Jungen Union Bayern

Jugendsekten — Schwärmerei oder Gefahr?

Wer hat nicht schon einmal von ihnen gehört? Sporadisch wird in den Medien über neue Jugendreligionen berichtet. Was sich jedoch genau dahinter verbirgt, welche Gefahren, welche Schäden sie bei ihren Mitgliedern auslösen, mit welchen zwielichtigen Methoden sie arbeiten, wissen nur die wenigsten. Als 900 Menschen, ihrem Religionsführer Jim Jones folgend, in den Tod gingen, waren wir für kurze Zeit geschockt und aufgerüttelt. Inzwischen jedoch scheint das immer noch vorhandene und gefährlicher werdende Problem der neuen Jugendreligionen in der Bundesrepublik kein Thema mehr zu sein. Elterninitiativen, Beauftragte der Kirchen (so z.B. der Münchner Pfarrer Friedrich-Wilhelm Haack) führen manchmal einen aussichtslosen Kampf. Die Bundesregierung Helmut Schmidts erschöpfte ihre Aktivitäten in der Unterstützung einer ominösen Studie und einer kleinen Broschüre.
Beide wurden dem Problem jedoch nicht im entferntesten gerecht. Sie enthielten lediglich in unverständlichem Soziologen- und Juristendeutsch einige Allgemeinaussagen, die jedoch für die Diskussion wenig hilfreich waren. Die Junge Union dagegen beschäftigt sich seit Jahren mit dem Phänomen dieser »neuen Jugendreligionen«.

Was sind eigentlich Jugendreligionen?

Der Begriff Jugendreligionen wurde wesentlich von dem evangelischen Beauftragten der Evangelisch-Lutherischen Kirche in Bayern, Friedrich-Wilhelm Haack, geprägt. Er kann lediglich ein Hilfsbegriff für die Bezeichnung der angesprochenen pseudoreligiösen Gruppen darstellen. Es werden damit Gruppen und Glaubensgemeinschaften charakterisiert, die einerseits relativ jung sind (im Gegensatz zu den meisten Sekten entstanden sie erst in den 60er Jahren unseres Jahrhunderts) und andererseits insbesondere junge Menschen ansprechen.
Mit Jugend sind hier also nicht nur die unter 18jährigen gemeint. Jede dieser neuen Vereinigungen hat ihren eigenen Gründer, ihre eigene Geschichte und ihr eigenes Bankkonto. Dennoch gibt es gemeinsame

Faktoren, die in unterschiedlichem Grad bei allen auftreten.
Jede dieser Gruppen behauptet von sich eine Methode, einen Weg, gefunden zu haben, um die Probleme der Welt und des einzelnen klären und lösen zu können. Nur mit ihrem Rezept können sie die Welt vor der bestehenden Katastrophe retten. Wer in die Gemeinschaft eintritt, hat damit einen Schritt zur Welterrettung unternommen. Dieses »rettende Rezept« fordert den totalen Einsatz eines jeden Mitgliedes, da es bereits »fünf vor Zwölf« ist. Deshalb ist die totale Inbesitznahme des Mitgliedes eine der wichtigsten Wesensmerkmale dieser Gruppen. Zweifel und kritisches Hinterfragen werden von vornherein unterbunden.
»Für Fragen und Kritik ist jetzt keine Zeit, alles Persönliche ist unwichtig, wir müssen jetzt die Welt retten, bevor es zu spät ist.«
Die Kritiker der Jugendreligionen werden als Gegner dieses rettenden Rezepts und damit als Feind der menschlichen Zukunft gesehen. So z. B. die Scientology-Church sagt über ihre Gegner an: »Wo immer wir Kritiker fanden, sind wir auf einen kriminellen Hintergrund getroffen« (Auszug aus dem Ehrenkodex der Scientology-Church). Dieses Konzept der Weltrettung spricht sicherlich junge Menschen an. Wer hat nicht den Idealismus und möchte diese Welt mit allen ihren Fehlern und Problemen verbessern oder gar retten?

An der Spitze der streng hierarchisch geordneten Gruppen findet sich eine Führungspersönlichkeit, die dieses Rezept gefunden hat. Sei es von Gott direkt, durch Vision (z. B. Mun) oder als direkte Verkörperung Gottes (z. B. Guru Maharaj Ji). Da er als einziger im Besitz der Wahrheit, also des rettenden Rezepts ist, hat er auch das Recht, absoluten Gehorsam zu fordern.
Hieraus »legitimiert« er die totale Gültigkeit seiner Aussagen und die Forderung nach absoluter Disziplin. Kritik an ihm ist unzulässig. Alles was er tut, geschieht zur Rettung der Welt. Was er befiehlt, ist absolutes Gebot.

Um den alleinigen Wahrheitsfinder und Wahrheitsbringer schart sich nun die Gruppe der Erwählten (die heilige Familie). Sie verstehen sich als eigene Gesellschaft, die bereits den richtigen Weg eingeschlagen hat und die nun aus der Familie heraus den Rest der Welt erretten wollen. Hierzu ist jedes Mittel recht. Sei es Prostitution bei der »Familie der Liebe« (Flirty Fishing), sei es durch Lügen und Betrügen (»himmlische Täuschung«) oder z. B. durch: Rufmord. Alle Mitglieder dieser Organisation haben ein ausgesprochenes

Elitebewußtsein, nur sie haben die totale Wahrheit erkannt, alle anderen sind arme Irre, Verblendete oder vom Satan Verführte. Gegen Außenstehende, Zweifler oder Kritiker wird ein Feindbild aufgebaut. Hierbei schrecken die Sekten auch vor Verleumdungskampagnen bis hin zum »Justizterror« durch Schadenersatzklagen in Millionenhöhe nicht zurück. Immer wieder lassen sich diese Organisationen neue Methoden zur Verbreitung ihrer Lehre einfallen, so beginnt die Bhagwan-Bewegung in mehreren Städten der Bundesrepublik Lokale und Diskotheken zu eröffnen oder zu übernehmen. Welchen möglichen Gefahren die dort nichtsahnend verkehrenden Jugendlichen ausgesetzt sind, muß wohl kaum ausführlich geschildert werden.
Ein weiteres gemeinsames Merkmal all dieser Gruppen ist ein sehr gut ausgebautes und gestaffeltes Informationsnetz. Sie haben sich damit eine weitere Möglichkeit geschaffen, kritischen Fragen von vornherein aus dem Weg zu gehen. So verbreitet die »Familie der Liebe« verschiedene Briefe, die entweder nur den Funktionären, nur Mitgliedern oder der gesamten Öffentlichkeit zugänglich sind.
Die Scientologen bieten Kurse mit verschiedenen Stufen an. Fragen und Kritik können so mit einer Bemerkung zum Schweigen gebracht werden: »Warte bis Du die nächste Stufe erreicht hast, jetzt kannst Du das noch nicht verstehen.«
Alle Gruppen verfügen über eine überregionale Organisation. Diese ermöglicht es, Mitglieder blitzschnell überallhin zu versetzen. Damit haben sich die neuen Jugendreligionen ein weiteres wirksames Disziplinierungs- und Kontrollelement geschaffen.
Verhält sich ein Mitglied nicht nach den Vorstellungen der Funktionärsclique, kann es jederzeit von Frankfurt nach Detroit oder von München nach Zürich versetzt werden. Gefährliche Zweierbeziehungen sind so leicht zu beenden.
Immer wieder wird die Frage gestellt, was treibt die jungen Menschen in diese Gruppen? Warum gerade Jugendliche?
Ein junger Mensch zeichnet sich im allgemeinen durch Tatkraft, Idealismus und die Fähigkeit aus, sich ein eigenes Bild vom Leben zu machen. Er ist aufgeschlossen gegenüber Neuem, kritisch gegenüber dem Überkommenen, aber noch nicht zur wirklichen Selbstsicherheit gelangt. In diesem Stadium ist der Jugendliche für neue Welt- und Lebensentwürfe besonders empfänglich. Er sucht sich selbst. Daraus entwickelt er ein großes Kritikvermögen. Vieles, was nicht in Ordnung ist, wird gesehen und kritisiert. Er strebt nach dem Vollkommenen.
Noch fehlt die Einsicht, daß das Vollkommene immer nur Ziel, aber kaum

jemals Wirklichkeit sein kann. Für Absolutheitsangebote und Absolutheitsansprüche ist er in dieser Phase besonders empfänglich. Jugendreligionen bieten ihm »vollkommene« Weltentwürfe und Heilswege. Dies dürfte mit eine Erklärung für ihren Erfolg sein. Es sind deshalb gerade intelligente, sensible junge Leute, die in diese Jugendreligionen hineingeraten.

Die Ursachen sind in einem

- Zukunftsverlust
- Sinnverlust und
- Geborgenheitsverlust zu sehen.

Die Probleme unserer Gesellschaft sind für den Jugendlichen, der sich einer Jugendreligion zuwendet, scheinbar so kompliziert und aussichtslos geworden, daß er nicht mehr optimistisch in die Zukunft sieht. Geborgenheitsverlust entsteht dort, wo die Umwelt unübersichtlich geworden ist, wo sie nicht überblickt und erfaßt werden kann. Das Gesellschafts- und Familienbild hat sich teilweise gewandelt. Jahrelang wurde die Familie von der Keimzelle jedes Staatswesens zur Erziehungsinstitution zweiter Klasse degradiert. Das »Ich« wurde gepredigt, die Gemeinschaft, der Einsatz für die anderen zählte nicht mehr. Daraus folgend findet der Jugendliche auf seine Frage nach dem Sinn des Lebens oft keine Antwort mehr. Traditionelle Werte gelten nicht mehr. Das Neue ist besser als das Alte. Die neuen Jugendreligionen bieten ihm nun scheinbar einen Ausweg aus dieser Situation, die er nicht mehr verstehen kann. Bei ihnen kann er an der Änderung dieser Mißstände mithelfen. Er kann dort seine Ideale verwirklichen. Nur leider weiß er nicht, daß sein Idealismus von einem Führer mißbraucht wird, der es nur auf Kommerz und auf die Verherrlichung seiner Person abgesehen hat.

Viele werden sich jetzt sicherlich die Frage stellen, wie kann sich ein junger Mensch zu so etwas mißbrauchen lassen, muß er nicht erkennen, daß hier mit seinen Idealen Schindluder getrieben wird? Wie kann es dazu kommen, daß aus einem jungen Menschen nach einigen Jahren Zugehörigkeit zu einer solchen Organisation ein körperliches und seelisches Wrack herauskommt? Nun, eine solche Veränderung und Totalübergabe kommt nicht von ungefähr. Pfarrer Friedrich-Wilhelm Haack hat dafür das Wort »Seelenwäsche« geprägt. Es ist falsch, hier von Gehirnwäsche zu sprechen. Gehirnwäsche will immer den Willen brechen.

Die Menschen jedoch, die in neue Jugendreligionen hineingeraten, haben den Willen und sind bereit, um die Rettung der Welt zu kämpfen. Durch eine intensive »Behandlung« wird der Jugendliche langsam und zielstrebig gegen jeden »Gegeneinfluß« immunisiert. Er wird, sobald er in die Gruppe geraten ist, von Außeneinflüssen und von Gegeninformationen isoliert. Er erhält nur Nachrichten, die er nach dem Willen der Organisation auch erhalten soll. Alles andere wird verteufelt. Wer nun solche Informationen liest, läuft Gefahr, daß er vor sich selbst und der Gruppe zum Verräter wird.

Um dies zu erreichen, wird das ganze Vertrauen auf eine bestimmte Person, nämlich den »heiligen Meister« gelenkt. Noch vorhandene körperliche und geistige Kräfte werden z. B. durch dauerndes Training, ständige Indoktrination, dazwischen Sport- und Hilfsdienste, ständiges Meditieren oder Absingen von Liedern oder andauerndes Auswendiglernen von Bibelversen aufgefangen. Das neue Mitglied hat nur noch wenig Freizeit und ist nie alleine. Immer wieder wird ihm Mut zugesprochen (»Wir werden es schaffen! Wir machen den Planeten Erde clear! Wir werden den Kommunismus besiegen. Unsere Methode wird die Welt erleuchten!« usw.). Immer wieder wird mit dem Weltuntergang gedroht (»Wenn wir es nicht tun, wird alles im Chaos enden! Hilf mit! Auf Dich kommt es an!«). Damit wird eine Art psychische Kampfstimmung erzeugt. Das Bild der übrigen Welt wird schwarz gemalt. Sie werden zugrunde gehen, wenn sie nicht den Lehren des Meisters folgen. Von Tag zu Tag wird es schlechter! Die Menschheit geht auf das Chaos zu! Diese Schwarzmalerei schreckt auch nicht vor dem zurück, was dem Mitglied bisher persönlich lieb und wichtig war. Kritiker aus der eigenen Familie und Freunde werden als vom Satan besessen dargestellt. Nur wenn das Mitglied an der Verwirklichung der Weltrettung mitarbeite, könnten auch sie gerettet werden. All diese Maßnahmen zusammen werden als Seelenwäsche bezeichnet. Ihr Ergebnis ist eine völlige Übereignung der Persönlichkeit und eine Entpersönlichung. Die Konsequenzen daraus sind erschreckend. Schule, Arbeits- und Lehrverhältnis werden von heute auf morgen abgebrochen, nur noch das höchste Ziel ist wichtig. Das ganze Privatvermögen wird oftmals als »freiwillige« Spende eingebracht. Jede eigene Identität geht verloren. Der Kontakt zu früheren Bezugspersonen, die gegen die Gruppen Stellung nehmen, wird unterbunden. Hier schrecken sie auch nicht vor »Versetzung« in das Ausland zurück. Die Mitglieder werden innerhalb kürzester Zeit zu oftmals willigen, marionettenhaften Werkzeugen der Gruppe umfunktioniert. Die eigene Kritik- und Denkfähigkeit wird ausgeschaltet, die Person des einzelnen wird total in Anspruch genommen und ausgebeutet.

Gegen jegliche Kritik von außen ist dieses Mitglied immun (»Gott hat einen neuen Weg gefunden. Satan ist dagegen. Satan haßt den Weg. Er

will ihn durch Kritik zerstören«).
Ist der junge Mensch aber dann für die Organisation nicht mehr brauchbar, wird er ausgestoßen und allein gelassen. Er ist dann psychisch und körperlich stark geschädigt und auf die Hilfe der Gesellschaft angewiesen. Hinzu kommt ein großer Schuldkomplex und Ängste, da sich die Gruppen nicht scheuen, während der Mitgliedschaft bereits darauf hinzuweisen, daß ein Mitglied, das ausgestoßen wird oder aus der Gruppe austritt, Mitverantwortung am nahenden Weltuntergang trägt. Auch Telefon- und Briefterror sind keine Seltenheit. Es verwundert daher nicht, wenn einige ehemalige Sektenmitglieder einen Ausweg nur noch im Selbstmord sehen.

Markus Sackmann,
Mitglied des Landesvorstandes der Jungen Union Bayern
und Leiter des Arbeitskreises Jugend und Sport

Kampf den Verführern

»Sie war auf die Bibel programmiert worden, sie benützte sie wie eine Droge. Sie müssen das selbst erlebt haben, Herr Bundesminister, wenn das von Ihnen so sehr geliebte Kind vor Ihnen steht und am ganzen Körper zittert und schreit: Gib mir die Bibel!« So der Bericht einer völlig verzweifelten Mutter, die vor einigen Jahren schon ihre damals erst fünfzehn Jahre alte Tochter an die sich selbst »Family of Love« bzw. »Kinder Gottes« nennende Organisation verlor, die zu einer der übelsten Formen der sich heute allerorts ausbreitenden sogenannten »Jugendsekten« gezählt werden kann.
Mit der oben zitierten Mutter waren so viele betroffene Eltern und Angehörige von Sektenmitgliedern, aber auch interessierte Jugendliche, Lehrer und Politiker der Einladung der Jungen Union Bayern zu einer Landeskonferenz mit dem Thema »Jugendsekten« gefolgt, daß die Räumlichkeiten die große Besucherzahl kaum fassen konnten. Als Hauptredner konnte der JU-Landesvorsitzende Alfred Sauter den Bundesminister für Jugend, Familie und Gesundheit Dr. Heiner Geißler, begrüßen. Geißler stellte gleich zu Beginn heraus, daß die freiheitliche Demokratie von der Mündigkeit und Selbstverantwortung ihrer erwachsenen Bürger ausgehe. Dieser Grundsatz stehe ebenso wie die Religionsfreiheit, wie sie Artikel 4 des Grundgesetzes festlege, bisher einer umfassenden Lösung der Sektenproblematik durch die Politik entgegen. Zwar werde dieses Grundrecht zur Zeit im Bundesministerium auf seine Grenzen hin untersucht, doch könne unabhängig vom Ergebnis dieser Prüfung schon heute durch verstärkte Informationen sichergestellt werden, daß jeder »weiß, was er tut, und die Folgen seiner Entscheidung kennt«.
Außerdem müsse dafür gesorgt werden, daß ein Sektenmitglied auch später jederzeit über seine volle Entscheidungsfreiheit verfüge und seinem Lebensweg immer eine andere Richtung geben könne, führte der Bundesminister unter großem Beifall der Anwesenden aus.
Weiterhin meinte er, man müsse, sofern man diese Jugendsekten oder »Psychokulte« von ihren Ursachen her bekämpfen wolle, eine Politik

praktizieren, die nicht nur »auf Emanzipation zielt, sondern auch Jugendliche zu verantwortlichen Beziehungen hinführt« und verantwortliche Institutionen wie Familie, Kirche und Schule stärkt statt schwächt. Kritik übte Bundesminister Dr. Geißler unter anderem an den etablierten Kirchen, die sich nicht zu wundern bräuchten, daß religiöse Defizite auftreten, »wenn auf den Kanzeln unserer Kirche mehr von Nicaragua und Umwelt als über das Wort Gottes gepredigt« werde.

Mit den Ursachen und Hintergründen befaßte sich einer der beiden Arbeitskreise. Neben Robert Sauter, dem Präsidenten des Bayerischen Jugendrings, nahmen an der Podiumsdiskussion Pfarrer Haack, der Beauftragte für Sekten und Weltanschauungsfragen der evangelischen Kirche, Prof. Männle, Landesvorsitzende der Frauen Union Bayern, Pater Anselm Reichold, Simon Wittmann, früherer Bezirksvorsitzender der JU Oberpfalz und seit kurzem Bundestagsabgeordneter, Pfarrer Dr. Gerhard Münderlein von der evangelischen Jugend sowie Sepp Hollerith, Bezirksvorsitzender der JU Oberbayern, teil.

Insbesondere die wirtschaftliche und machtpolitische Expansion der »Jugendsekten« wurde von den Referenten herausgestellt. So reiche die Produktionspalette bei den Firmen der »Vereinigungskirche« von Kosmetika über Maschinen bis hin zu Waffen. Außerdem besitze sie inzwischen mehrere auflagenstarke Zeitungen in der ganzen Welt. Welchen Einfluß sie auf die machtpolitischen Strukturen in Südamerika habe, werde erst nach und nach sichtbar. Die Bhagwan-Sekte verfüge allein in der Bundesrepublik Deutschland über 500 Firmen, darunter schon 50 Diskotheken, Bistros und Restaurants, während die Scientology Church gerade dabei sei, mit ihrem Milliardenkonzern ins Ölgeschäft einzusteigen, berichtete Robert Sauter. Besonders interessant war auch die Information, daß die »Transzentale Meditation« eine Parteigründung in der Bundesrepublik Deutschland in Erwägung ziehe. Mit der EAP (= Europäische Arbeiterpartei) trete inzwischen regelmäßig eine Partei bei allen Wahlen an, die in ihren Grundstrukturen Merkmale einer Jugendsekte aufweise.

Fragt man nach den Ursachen für die weitere Ausbreitung der sogenannten Jugendsekten, so kommen in der Phase des Umbruchs vor der Ablösung aus dem Elternhaus nach Meinung von Frau Prof. Männle wichtige emotionale Bedürfnisse wie Zuwendung, Mitmenschlichkeit, Wärme und Geborgenheit zu kurz. Aus der subjektiv empfundenen seelischen Vereinsamung wachse dann ein Hunger nach Liebe, die Sehnsucht nach unmittelbarem Angenommensein und Verstandenwerden. Dem müsse man in den Schulen mit einem klaren Erziehungskonzept

entgegentreten und dürfe sich nicht dem allgemeinen Trend anschließen, alles in Frage zu stellen, führte Simon Wittmann aus.
Zu welchen Maßnahmen die Politik von den »Jugendsekten« herausgefordert werde, versuchte der zweite Arbeitskreis unter Leitung von JU Landesgeschäftsführer Udo Schuster zu untersuchen. Neben Senator Burnhauser standen als Sachverständige Bundestagsabgeordneter Wolfgang Götzer, der Vorsitzende der Elterninitiative zur Hilfe gegen seelische Abhängigkeit und religiösen Extremismus, Manfred Ach sowie der Landtagsabgeordnete Barthl Kalb und der Sektenbeauftragte der katholischen Kirche, Hans Liebl, zur Verfügung.
Grundsätzlich sei eine Änderung des Grundgesetzes, hier speziell des Artikel 4, der die Religionsfreiheit zusichere, sehr problematisch. Zentraler Anknüpfungspunkt für eine Bekämpfung könnte das Problem der Gemeinnützigkeit ergeben, denn nach Meinung Götzers sei es absurd, daß derartige Gruppen mit dem Prädikat »gemeinnützig« auftreten dürften, wenn dahinter ein religiös verbrämter Wirtschaftsbetrieb stehe.
Faßt man das Ergebnis der Landeskonferenz der Jungen Union Bayern zusammen, könnte man den Evangelisten Matthäus zitieren, der warnend schrieb: »Hütet Euch vor den falschen Propheten, sie kommen in Schafskleidern, innerlich aber sind sie reißende Wölfe« (Matth. 7,15).

Weitere Veröffentlichungen der

Jungen Union Bayern

Udo Schuster	Jugendsekten
Eckhardt Flöther Udo Schuster	Bhagwan, der Rolls-Royce-Guru in Oregon
Reinhold Bocklet Udo Schuster	Debatte über Jugendsekten im Europäischen Parlament
Wolfgang Götzer	Jugendsekten — Die Antwort der Politik auf eine Herausforderung

Alle Veröffentlichungen können über die

JUNGE UNION BAYERN

Nymphenburger Straße 64, 8000 München 2

kostenlos bezogen werden.

Die MÜNCHNER REIHE

Die aktuellen Standardwerke zu Sekten- und Weltanschauungsfragen

FRIEDR.-WILH. HAACK
Astrologie
Best.-Nr. 50 602 (4. Aufl.)

Jehovas Zeugen
Best.-Nr. 50 608 (12. Aufl.)

Spiritismus
Best.-Nr. 50 610 (4. Aufl.)

Mormonen
Best.-Nr. 50 611 (5. Aufl.)

Sekten (Doppelheft)
Best.-Nr. 50 612 (4. Aufl.)

die neuen jugendreligionen
(Doppelheft)
Best.-Nr. 50 613 (22. Aufl.)

die neuen jugendreligionen – teil 2
(Großband)
Best.-Nr. 50 621 (6. Aufl.)

die neuen jugendreligionen – teil 3
(Sonderband)
Best.-Nr. 50 639

Ratschläge
zu Jugendreligionen, -bewegungen und Sekten
(Doppelheft)
Best.-Nr. 50 627 (5. Aufl.)

satan – teufel – lucifer
Best.-Nr. 50 615 (4. Aufl.)

Freimaurer
(Doppelheft)
Best.-Nr. 50 616 (7. Aufl.)

Neuapostolische Kirche
Best.-Nr. 50 617 (4. Aufl.)

Transzendentale Meditation
Best.-Nr. 50 622 (5. Aufl.)

Parapsychologie
(Doppelheft)
Best.-Nr. 50 623 (4. Aufl.)

Aberglaube – Magie – Zauberei
Best.-Nr. 50 626 (3. Aufl.)

Die »Bhagwan«-Rajneesh-Bewegung
(Großband)
Best.-Nr. 50 634 (3. Aufl.)

WALTER SCHMIDT
Islam (Doppelheft)
Best.-Nr. 50 635 (2. Aufl.)

RÜDIGER HAUTH
Vereinigungskirche
Best.-Nr. 50 618 (6. Aufl.)

Die Kinder Gottes
Best.-Nr. 50 625 (5. Aufl.)

Adventisten
Best.-Nr. 50 632

MANFRED ACH
Anarchismus
(Doppelheft) Best.-Nr. 50 633

FRIEDR.-WILH. HAACK
Blut-Mythus und Rasse-Religion
Neugermanische und deutsch-völkische Religiosität
(Doppelheft) Best.-Nr. 50 638

NEU: HELMUT FISCHER
TA · Transaktionsanalyse – Anstöße zur kritischen Auseinandersetzung
Großband, Bestell-Nr. 50 640

Stück	Einzelheft	Doppelheft	Großband	Sonderband	
1–10	DM 3,80	DM 5,50	DM 8,80	DM 19,80	Innerhalb der Preisgruppe auch gemischt,
11–24	DM 3,60	DM 5,30	DM 8,50	DM 19,—	zuzüglich Versandkosten.
25–49	DM 3,30	DM 5,—	DM 8,10	DM 18,50	Preisänderungen
50–99	DM 3,—	DM 4,50	DM 7,50	DM 18,—	vorbehalten.
ab 100	DM 2,70	DM 4,—	DM 6,80	DM 17,—	

FRIEDRICH-WILHELM HAACK
Lichtbildserie »die neuen jugendreligionen« 34 Farbdias mit Textkarten und Begleitheft in einer handlichen Mappe, Best.-Nr. 60 598 (3. Aufl.), Preis DM 78,—

Lichtbildserie »Sekten« 36 Farbdias mit Textkarten, Begleitheft und Text-Leseheft, in einer handlichen Mappe, Best.-Nr. 50 595, Preis DM 78,—

WULF METZ
Lichtbildserie »Chinesische Religiosität« 36 Farbdias mit Textkarten und Begleitheft in einer handlichen Mappe, Best.-Nr. 50 594, Preis DM 78,—

Lichtbildserie »Buddhistische Frömmigkeit« 36 Farbdias mit Textkarten und Begleitheft in einer handlichen Mappe, Best.-Nr. 50 596, Preis DM 78,—

Alle zu beziehen über: Evangelischer Presseverband für Bayern, Abteilung Kleinschriftentum, Birkerstraße 22, 8000 München 19.